La correspondance commerciale française

L. Bas – C. Hesnard

NATHAN

SOMMAIRE

MODE D'EMPLOI

Divisé en six parties, l'ouvrage s'organise par doubles pages.
Chaque double page fait le point sur un thème.

à gauche

Une page synthèse apporte toutes les informations pour comprendre le sujet de la double page.

à droite

Une page explication fait le point, précise, illustre.

Le titre de la double page.

Le repérage par thème.

Quelques lignes d'introduction.

Des informations complémentaires, des encadrés, des illustrations.

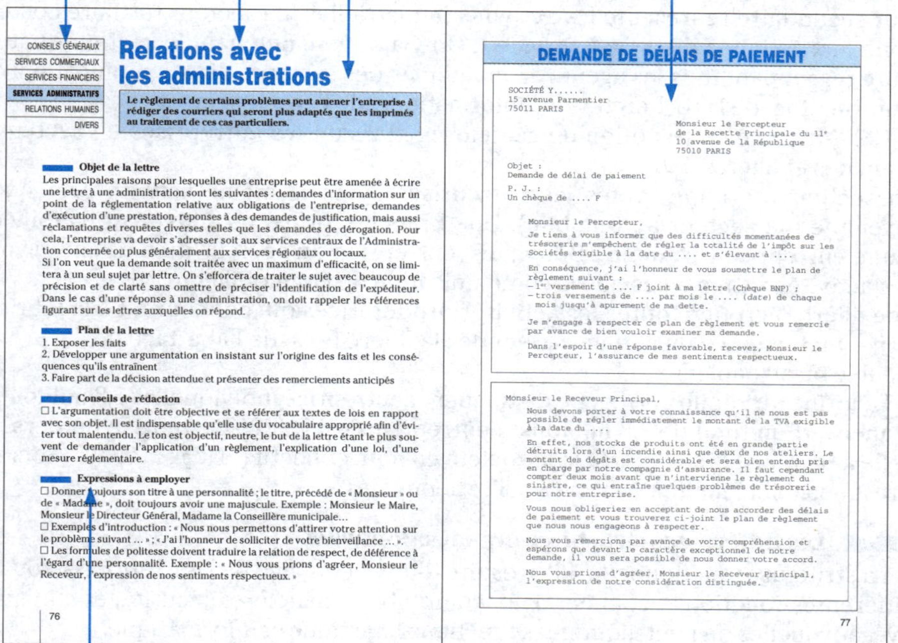

CONSEILS GÉNÉRAUX
SERVICES COMMERCIAUX
SERVICES FINANCIERS
SERVICES ADMINISTRATIFS
RELATIONS HUMAINES
DIVERS

Relations avec les administrations

Le règlement de certains problèmes peut amener l'entreprise à rédiger des courriers qui seront plus adaptés que les imprimés au traitement de ces cas particuliers.

Objet de la lettre

Les principales raisons pour lesquelles une entreprise peut être amenée à écrire une lettre à une administration sont les suivantes : demandes d'information sur un point de la réglementation relative aux obligations de l'entreprise, demandes d'exécution d'une prestation, réponses à des demandes de justification, mais aussi réclamations et requêtes diverses telles que les demandes de dérogation. Pour cela, l'entreprise va devoir s'adresser soit aux services centraux de l'Administration concernée ou plus généralement aux services régionaux ou locaux.
Si l'on veut que la demande soit traitée avec un maximum d'efficacité, on se limitera à un seul sujet par lettre. On s'efforcera de traiter le sujet avec beaucoup de précision et de clarté sans omettre de préciser l'identification de l'expéditeur. Dans le cas d'une réponse à une administration, on doit rappeler les références figurant sur les lettres auxquelles on répond.

Plan de la lettre

1. Exposer les faits
2. Développer une argumentation en insistant sur l'origine des faits et les conséquences qu'ils entraînent
3. Faire part de la décision attendue et présenter des remerciements anticipés

Conseils de rédaction

☐ L'argumentation doit être objective et se référer aux textes de lois en rapport avec son objet. Il est indispensable qu'elle use du vocabulaire approprié afin d'éviter tout malentendu. Le ton est objectif, neutre, le but de la lettre étant le plus souvent de demander l'application d'un règlement, l'explication d'une loi, d'une mesure réglementaire.

Expressions à employer

☐ Donner toujours son titre à une personnalité ; le titre, précédé de « Monsieur » ou de « Madame », doit toujours avoir une majuscule. Exemple : Monsieur le Maire, Monsieur le Directeur Général, Madame la Conseillère municipale…
☐ Exemples d'introduction : « Nous nous permettons d'attirer votre attention sur le problème suivant … » ; « J'ai l'honneur de solliciter de votre bienveillance … ».
☐ Les formules de politesse doivent traduire la relation de respect, de déférence à l'égard d'une personnalité. Exemple : « Nous vous prions d'agréer, Monsieur le Receveur, l'expression de nos sentiments respectueux. »

76

DEMANDE DE DÉLAIS DE PAIEMENT

SOCIÉTÉ Y......
15 avenue Parmentier
75011 PARIS

Monsieur le Percepteur
de la Recette Principale du 11e
10 avenue de la République
75010 PARIS

Objet :
Demande de délai de paiement

P. J. :
Un chèque de .... F

Monsieur le Percepteur,

Je tiens à vous informer que des difficultés momentanées de trésorerie m'empêchent de régler la totalité de l'impôt sur les Sociétés exigible à la date du .... et s'élevant à ....

En conséquence, j'ai l'honneur de vous soumettre le plan de règlement suivant :
– 1er versement de .... F joint à ma lettre (Chèque BNP) ;
– trois versements de .... par mois le .... (*date*) de chaque mois jusqu'à apurement de ma dette.

Je m'engage à respecter ce plan de règlement et vous remercie par avance de bien vouloir examiner ma demande.

Dans l'espoir d'une réponse favorable, recevez, Monsieur le Percepteur, l'assurance de mes sentiments respectueux.

Monsieur le Receveur Principal,

Nous devons porter à votre connaissance qu'il ne nous est pas possible de régler immédiatement le montant de la TVA exigible à la date du ....

En effet, nos stocks de produits ont été en grande partie détruits lors d'un incendie ainsi que deux de nos ateliers. Le montant des dégâts est considérable et sera bien entendu pris en charge par notre compagnie d'assurance. Il faut cependant compter deux mois avant que n'intervienne le règlement du sinistre, ce qui entraîne quelques problèmes de trésorerie pour notre entreprise.

Vous nous obligeriez en acceptant de nous accorder des délais de paiement et vous trouverez ci-joint le plan de règlement que nous nous engageons à respecter.

Nous vous remercions par avance de votre compréhension et espérons que devant le caractère exceptionnel de notre demande, il vous sera possible de nous donner votre accord.

Nous vous prions d'agréer, Monsieur le Receveur Principal, l'expression de notre considération distinguée.

77

Les sous-titres permettent de repérer les grands points du sujet.

Qu'est-ce qu'une entreprise ?

Les entreprises françaises revêtent des caractéristiques très diverses : l'INSEE (Institut National de la Statistique et des Études Économiques) les classe selon plusieurs critères.

Les différents types d'entreprises

On peut distinguer les entreprises selon leurs effectifs, leur chiffre d'affaires, leur secteur d'activité ou leur forme juridique.

□ Les effectifs : les petites entreprises (moins de 10 salariés), les moyennes entreprises (de 10 à 500 salariés) et les grandes entreprises (au-dessus de 500 salariés).

□ Le chiffre d'affaires réalisé (montant des ventes annuelles).

□ Le secteur d'activité. Le secteur primaire regroupe les activités liées à l'agriculture, la pêche, les activités forestières et les activités extractives (mines). Le secteur secondaire représente les activités industrielles. Le secteur tertiaire correspond aux activités dites de « service ». On y ajoute maintenant le secteur quaternaire regroupant tous les agents économiques des secteurs de communication, de l'information, de la recherche, de l'informatique, de l'enseignement.

L'INSEE a affiné cette notion de secteur en classant les entreprises en secteurs, branches et filières.

Un secteur regroupe toutes les entreprises ayant la même activité principale (exemple : le secteur automobile). Une branche forme les activités diversifiées d'une entreprise (exemple : Bouygues, entreprise du secteur du bâtiment ayant des activités autres telles que la communication ou l'immobilier).

Une filière regroupe toutes les activités productrices qui concourent à la fabrication d'un bien ou d'un service (exemple : la filière bois, de l'abattage de l'arbre au meuble ou au papier).

□ La forme juridique permet de distinguer : l'entreprise individuelle (1,8 million en France sur un total de 2,8 millions d'entreprises) ; l'EURL (Entreprise unipersonnelle à responsabilité limitée) ; la société en nom collectif (SNC) ; la SARL (Société à responsabilité limitée) ; la SA (Société anonyme).

Les différentes structures organisationnelles

□ La structure fonctionnelle. Elle résulte d'un découpage de l'entreprise selon les différentes fonctions : commerciale, comptable, financière, sécurité, administrative, auxquelles on peut ajouter les fonctions logistique et informatique.

□ La structure divisionnelle en fonction des différents produits fabriqués. Elle est adoptée par la majorité des grandes entreprises.

□ La structure matricielle : cette structure est une combinaison de l'organisation par fonction et de l'organisation par branche. Elle allie deux compétences et se rencontre souvent dans des entreprises de recherches, de grands travaux. Elle convient bien aux grandes entreprises qui fabriquent et commercialisent des produits liés les uns aux autres.

LES STRUCTURES HIÉRARCHIQUES

La hiérarchie linéaire. Ce type de structure respecte l'unité de commandement classique (hiérarchie militaire). Tout subordonné n'a qu'un chef.

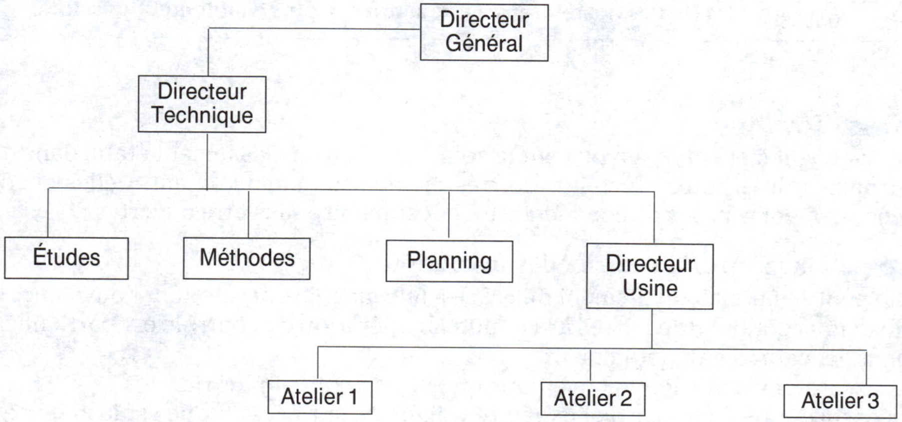

La hiérarchie fonctionnelle. L'autorité est exercée sur des tâches spécialisées et l'étendue du pouvoir porte sur la spécialité : ex. : un directeur financier traitera tous les problèmes financiers de tous les services de l'entreprise.

La hiérarchie linéaire et fonctionnelle (staff and line). Elle réunit les avantages des deux systèmes précédents, à savoir l'unité de commandement et la spécialisation.

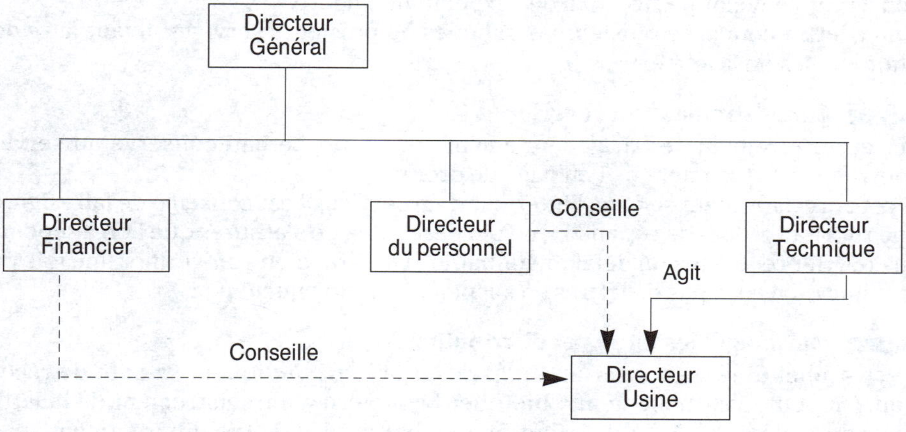

Le courrier arrivée

La distribution du courrier est une tâche très importante dévolue soit à la secrétaire de la petite entreprise, soit au service courrier dans une grande entreprise. De sa rapidité et de sa capacité à transmettre les documents reçus dépendent la capacité des destinataires à répondre le plus rapidement possible.

Tri

Celui-ci peut s'effectuer en plaçant le courrier selon un classement établi dans des corbeilles différentes. Certaines lettres arrivent nominativement. Celles-ci sont généralement remises directement à leur destinataire sans être ouvertes.

Ouverture du courrier et son contrôle

Elle peut se faire manuellement ou grâce à une machine permettant l'ouverture de plusieurs centaines de lettres à la minute. L'opération de contrôle est particulièrement délicate ; il faut notamment :
- s'assurer, avant de jeter l'enveloppe qu'elle ne contient plus rien ;
- s'assurer que l'adresse de l'expéditeur figurant sur l'enveloppe est la même que celle figurant sur l'en-tête de la lettre ;
- s'assurer que la pièce jointe indiquée dans la lettre existe bien et l'agrafer rapidement à la lettre ;
- s'assurer que l'enveloppe n'est pas nécessaire juridiquement (cachet de la poste) ;
- s'assurer que ce n'est pas une lettre recommandée : si c'est le cas, l'enveloppe doit être agrafée à la lettre ;
- s'assurer que la signature de l'expéditeur soit lisible : dans le cas contraire, conserver l'enveloppe si le nom de l'expéditeur y figure.

Si une lettre concerne plusieurs personnes ou plusieurs services, il faut faire des photocopies de la lettre.

Enregistrement du courrier

Cet enregistrement se fait généralement sur un bordereau conservé au service courrier (voir document n° 1 en page de droite).
Si cet enregistrement se fait à l'intérieur d'un service, il est conseillé de faire figurer une rubrique « date de réponse », ce qui permettra de s'assurer que l'on a répondu au courrier reçu dans un délai raisonnable. Il faudra, bien sûr, vérifier une fois par semaine qu'il n'y a pas de lettres en suspens (voir document n° 2).

Marquage des lettres et distribution

Il est souhaitable d'apposer un tampon sur la lettre indiquant sa date de réception. On peut éventuellement y indiquer le numéro d'enregistrement de la lettre (voir document n° 3). La distribution du courrier s'effectue différemment selon l'importance de l'entreprise. Chaque service peut se rendre directement au service courrier afin de prendre ce qui lui est destiné. Ou bien la secrétaire chargée de l'ouverture du courrier le distribue directement aux services ou aux personnes intéressées.

MODES D'ENREGISTREMENT DU COURRIER ARRIVÉE

■ Document n° 1 : Enregistrement du courrier (1)

N°	Date réception	Expéditeur	Objet	P.J.	Service Destinataire	Observations

■ Document n° 2 : Enregistrement du courrier (2)

N°	Date réception	Expéditeur	Objet	P.J.	Date réponse	Observations

■ Document n° 3 : Marquage des lettres reçues

société ABP.

Reçu le..............................

N° ....

Transmis à ....

Service ....

Le courrier départ

Le service courrier est chargé de toutes les opérations relatives à l'arrivée du courrier (tri, ouverture, dépouillement, enregistrement et diffusion) mais il est également chargé de toutes celles relatives au départ du courrier émanant des différents services de l'entreprise.

Enregistrement du courrier « départ »

☐ Une lettre commerciale doit être faite en double ou triple exemplaire, car il faut laisser une trace du courrier dans l'entreprise lorsque celui-ci aura été envoyé à son destinataire. Ce double s'effectue soit à l'aide d'une photocopieuse ou par impression de jeux complémentaires sur les imprimantes modernes (ce qui est de plus en plus le cas) soit à l'aide de décalque par carbone sur un papier « pelure » (papier très fin) si le courrier a été tapé à la machine à écrire.

☐ Le courrier est alors disposé dans un parapheur et donné à la signature. Lorsqu'il est signé par l'expéditeur de la lettre, il faut procéder à son enregistrement (même principe que le courrier arrivée), le double est alors classé dans un dossier « chrono » (le courrier y est rangé par ordre chronologique). Avant de procéder à la mise sous enveloppe, il faut bien vérifier que toutes les pièces jointes et annexes annoncées dans la lettre sont présentes et les accrocher éventuellement au courrier par un coin de lettre métallique.

Pliage et mise sous enveloppe

Lorsque le courrier est très important, on a recours de plus en plus à la mécanisation de cette étape à l'aide des différentes machines de bureau existantes :
- les machines à plier les documents ;
- les machines à mettre sous pli ;
- les machines à fermer les enveloppes ;
- les machines à adresser qui sont de plus en plus remplacées par des étiquettes informatisées.

Pesage et affranchissement

La lettre doit être pesée afin de pouvoir calculer la taxe à l'aide d'un tarif de la Poste. On peut ensuite utiliser une machine à affranchir : elle se loue auprès de sociétés fabriquantes qui mettent la machine à la disposition de l'entreprise après accord des PTT. La machine enregistre le montant des affranchissements, le compteur est relevé chaque mois et la valeur correspondante des affranchissements est à payer alors à la Poste.

Lexique

Boîte postale : système particulier de distribution qui consiste à mettre à la disposition de l'usager dans la poste elle-même une boîte à lettre, dont l'usager a la clef et qu'il doit venir relever.

Cedex (courrier à distribution exceptionnelle) : lorsqu'une entreprise prévoit une arrivée importante — au moins 500 lettres par jour — et exceptionnelle de courrier (lors d'un concours publicitaire, par exemple), il peut lui être affecté une boîte au bureau de poste.

LES CONTRAINTES DE LA POSTE

Formats

Enveloppes	mini 90 x 140 maxi 120 x 235	longueur 1,4 x largeur épaisseur 5 mm maximum
Cartes	mini 90 x 140 maxi 105 x 148	grammage 200 g/m² épaisseur 22/100

Position de l'adresse

La position de l'adresse sur les envois postaux doit être conforme à celle figurant sur le schéma ci-contre, qui permet une lecture automatique.

IMPORTANT :

• Ne rien porter à droite ni au-dessous de l'adresse

• Laisser au moins 20 mm entre l'adresse et les mentions ou impressions apparaissant éventuellement à gauche de cette dernière.

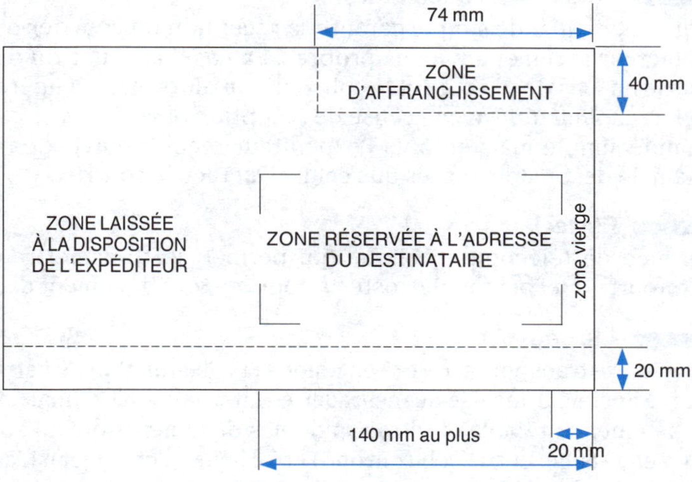

Présentation des adresses postales

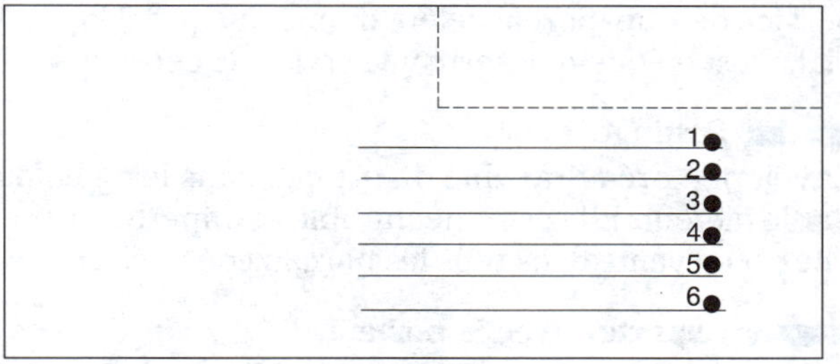

1re et 2e lignes
- Nom et prénom, raison sociale...
- Titre ou qualité du destinataire
- Indication d'étage, d'appartement...

3e ligne
- Désignation du bâtiment, de l'escalier, de l'entrée...

4e ligne
- Numéro dans la voie, type et nom de voie
- ou nom d'une résidence
- ou Service X
- ou Poste restante
- ou Boîte postale

5e ligne
- Nom d'une commune ou siège d'un bureau distributeur
- ou nom d'un lieu-dit

6e ligne
- Numéro de code postal, et nom du bureau distributeur correspondant
- ou Numéro de code spécifique et nom du bureau distributeur, complétés par la mention « cedex »

Les services de la poste

L'entreprise moderne traite et retransmet de plus en plus d'informations. La production française de documents internes et externes avoisine plusieurs milliards de pages par an. Pour faire face à ce trafic, les PTT proposent aux entreprises une large gamme de produits autres que l'expédition simple.

Courrier recommandé

☐ Le recommandé simple garantit la réception du courrier par le destinataire car le facteur le remet en mains propres. En cas d'absence du destinataire le facteur laisse un avis de passage et le courrier doit alors être récupéré au bureau de poste.
☐ Le recommandé avec accusé de réception offre la même garantie que le recommandé simple mais en plus l'expéditeur reçoit un avis de réception signé de la main du destinataire après que celui-ci ait reçu le courrier.

Posteclair

Service de télécopie publique qui permet de transmettre par fax, à partir de n'importe quel bureau de poste, la copie de tout document dans quarante-six pays.

Chronopost

Service de transport accéléré en France et à destination de l'étranger, commercialisé par la Société française de messageries internationales, filiale des PTT. Il garantit un acheminement fiable et ultra rapide des documents qui lui sont confiés (moins de 24 h en France, entre 24 h (Europe) et 72 h vers l'étranger). L'acheminement est fait en toute sécurité et les envois sont suivis de bout en bout tout au long de leur parcours.

Postexpress

Service de transport accéléré d'objet jusqu'à 5 kg en Île de France, par porteur spécial. C'est en quelque sorte un service de coursiers.

Distingo

Enveloppe pré-affranchie distribuée dans les meilleurs délais et montée à l'étage par le facteur. Elle est indéchirable et imperméable et présentée en deux formats. Elle est en vente dans tous les bureaux de poste.

Exportez avec la poste

Colis « voie de surface » SERNAM SNCF jusqu'à 7 kg.
Colis SAL (transport par avion cargo avec priorité d'embarquement) jusqu'à 20 kg.
Colis AVION jusqu'à 20 kg.

Courrier non distribué

Quand l'adresse du destinataire est illisible et que l'adresse de l'expéditeur n'est pas mentionnée, le courrier est expédié au centre de recherche de Libourne pour y être ouvert afin de tenter de le remettre en distribution. En cas d'impossibilité il est détruit.

QUELQUES EXEMPLES DE BORDEREAUX POSTAUX

LA POSTE
FRANCE

RA 1842 2849 0 FR

AVIS DE RÉCEPTION DE VOTRE ENVOI RECOMMANDÉ

AR

Présenté le :

Distribué le :

Signature du destinataire

RETOUR A :

AVIS DE RÉCEPTION

LA POSTE

ENVOI D'UN OBJET RECOMMANDÉ
SANS AVIS DE RÉCEPTION

LS 0067 3076 0FR

LS 0067 3076 0FR

TAUX DE RECOMMANDATION R1 ☐ R2 ☐ R3 ☐

Cadre réservé au service

Présentation le

Distribution le

Signature du destinataire :

Date	Prix	Contre-Remboursement	Nature de l'objet

DESTINATAIRE LETTRE ☐ COLIS ☐

PREUVE DE DISTRIBUTION

UTILISER UN STYLO A BILLE / APPUYER FORTEMENT

PREUVE DE DÉPÔT

RECOMMANDÉ

LA POSTE

OBJET RECOMMANDÉ
AVIS DE PASSAGE DU FACTEUR

LS 0067 3076 0FR

DESTINATAIRE LETTRE ☐ COLIS ☐

Je me suis présenté(e) à votre domicile
le ____________
pour vous remettre un objet recommandé.

Celui-ci n'a pu vous être remis pour le motif suivant :
Absent(e) ☐ Autre motif ____________

Vous avez la possibilité de retirer cet objet dans votre bureau de poste muni(e) d'une pièce d'identité et du présent avis, à partir du ____________
à ____ heures et avant expiration du délai de garde.

Contre paiement
de la somme de : ________ FF

Bureau de poste :

Adresse :

INFORMATIONS IMPORTANTES AU VERSO

AVIS DE PASSAGE

La lettre commerciale – présentation

La lettre commerciale est l'image de marque pour l'entreprise qui l'utilise dans ses relations avec l'extérieur. La présentation de cette lettre doit donc être très soignée.

Le papier

Le papier doit être blanc, sans ligne, de format 21 x 29,7 (format A4 selon la norme Afnor). Il existe également un format 21 x 14,8 plus rarement utilisé dans les entreprises.

La mise en page

La mise en page et la rédaction (voir pages suivantes) sont les éléments essentiels d'une bonne lettre. Les logiciels de traitement de texte permettent actuellement de présenter une lettre de manière attrayante.
Le logo de l'entreprise est préimprimé.
Le choix des marges, des alinéas, de l'interligne et le choix des caractères doivent donner à une lettre un aspect agréable.

La présentation

☐ La lettre commerciale peut respecter la présentation normalisée (voir détails en page de droite). Cette présentation est le plus souvent utilisée par les administrations, les cabinets d'avocats et les notaires.
☐ En dehors de la présentation normalisée, il existe deux types de présentation standard :
– la présentation à la française,
– la présentation à l'américaine (voir modèles ci-contre).
☐ Dans la pratique, la plupart des entreprises utilisent une présentation personnalisée qu'elles conçoivent elles-mêmes. Cela leur permet de mettre en évidence les informations qui les avantagent.

à la française

LA FOURMI INFORMATIQUE
21 rue du Bourg Tibourg
75004 PARIS

Christelle DESLOGIS
15 rue du Commerce
75015 PARIS

Objet :
V/Candidature

Paris,
le ...

Madame,

À la suite de notre entretien et de votre essai professionnel du ... (*date*) courant, nous avons le regret de vous informer que votre candidature n'a pas été retenue.
Nous vous remercions d'avoir pensé à nous offrir votre collaboration et vous souhaitons de trouver rapidement l'emploi que vous recherchez.
Nous vous prions d'agréer, Madame, l'expression de nos sentiments distingués.

Le Gérant,
F. TURPINO

à l'américaine

LA FOURMI INFORMATIQUE
21 rue du Bourg Tibourg
75004 PARIS

MCT/JCP

Paris, le 15 juin 1993

Christelle DESLOGIS
15 rue du Commerce
75015 PARIS

Madame,

À la suite de notre entretien et de votre essai professionnel du ... (*date*), et sous réserve de l'examen médical obligatoire d'embauche, nous avons le plaisir de vous annoncer que votre candidature a été retenue pour le poste de secrétaire au sein de notre Société à partir du ... (*date*) à ... h.

Toutes les conditions de votre engagement sont contenues dans le contrat de travail que vous voudrez bien signer dès votre arrivée.

Recevez, Madame, nos salutations distinguées.

Le Gérant,

F. TURPINO

LETTRE NORMALISÉE (NORME AFNOR)

1 Raison sociale
statut juridique
adresse

Désignation et adresse
du destinataire

2 Vos Réf. :
Nos Réf. **3**

Lieu d'origine
Date

Objet :
Pièces jointes : **4**

Titre de civilité

Corps de la lettre
Introduction
Développement
Conclusion

Formule de politesse

Signature **5**

1 Ces mentions sont souvent pré-imprimées sur le papier utilisé par l'entreprise pour son courier

2 À relever dans le courrier reçu quand il s'agit d'y répondre

3 Numéro interne de tout courrier départ

4 À ajouter dès qu'un document est joint. Cela permet de s'assurer rapidement que le courrier est complet

5 Il est souhaitable de saisir en clair le nom et la fonction

La lettre commerciale – contenu

Malgré les nouveaux moyens de communication, la lettre reste le document le plus largement utilisé par les entreprises. Elle est le moyen de preuve le plus sûr accepté par les tribunaux.

La suscription

Elle indique le nom et l'adresse du destinataire. Elle s'inscrit en haut de la lettre (à droite ou à gauche selon le type de présentation à la française ou à l'américaine). Si l'on connaît le nom de la personne à qui l'on envoie la lettre, on le spécifie.

Les références

Elles comportent souvent les initiales du rédacteur, de la personne qui a saisi la lettre et quelquefois le numéro du dossier. Certaines entreprises y ajoutent les références du destinataire. Les références se placent en haut à gauche de la lettre.

L'objet de la lettre

Il indique le sujet de la lettre. Quand l'objet de la lettre est une demande ou la confirmation d'une demande (ex. : commande), l'expéditeur l'indique. Quand l'objet est une réclamation, la réponse à une lettre ou à un appel téléphonique, l'expéditeur fait figurer le nom et le numéro du document initialement reçu. L'objet est placé sous les références. Ex. : Objet : Demande de catalogue.

Le lieu et la date

Ils sont obligatoires car ils permettent, d'une part de classer la lettre dans l'ordre chronologique, et d'autre part, de déterminer le tribunal compétent en cas de litige. Ex. : Paris, le ...

Les pièces jointes

Elles indiquent la nature et le nombre des documents qui sont joints à la lettre. Elles figurent le plus souvent en-dessous de l'objet de la lettre. Elles peuvent être aussi en bas de la lettre. Ex. : P.J. : Tarifs

La signature

Toujours en fin de lettre, elle doit être manuscrite, seule manière de rendre la lettre valable du point de vue juridique. La mention P.O. (pour ordre) peut figurer : elle signifie que la personne responsable a délégué ses pouvoirs à la personne qui a écrit la lettre.

Le Gérant,

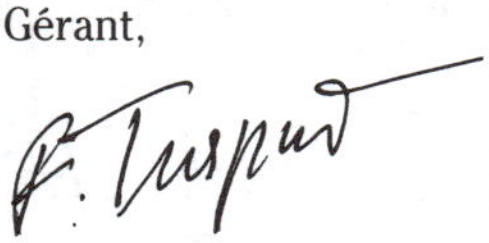

Frédéric TURPINO

Frédéric TURPINO

Frédéric TURPINO
Gérant

LES EN-TÊTES DE LETTRES

Toutes les entreprises se servent de papier à en-tête généralement pré-imprimé et qui doit comporter les rubriques suivantes :

– nom de l'entreprise ;

– forme juridique de la société ;

– montant du capital social s'il y a lieu ;

– numéro d'immatriculation au Registre du Commerce (ce numéro permet à toute personne d'obtenir des renseignements sur une société ou un commerçant en consultant le Registre du Commerce) ;

– code d'activité principale exercée par la société (Code APE) ;

– l'adresse, qui peut être précédée de la mention B.P. (Boîte Postale) si l'entreprise a une boîte postale ou de CEDEX (Courrier d'entreprise à distribution exceptionnelle) ;

– la mention, lorsqu'il s'agit d'une entreprise individuelle, de son appartenance ou non à un centre de gestion agréé par l'administration fiscale.

Toutes ces mentions sont obligatoires : le Code du Commerce impose aux entreprises d'indiquer ces informations sur les documents externes à l'entreprise.

D'autres mentions sont facultatives, à savoir :

– le numéro de téléphone, numéro de télécopie ou de télex,

– le numéro de boîte postale,

– le numéro de compte bancaire.

Dans la pratique, elles figurent très souvent dans l'en-tête des lettres commerciales ou dans le bas de la feuille (pré-imprimée).

LIBRAIRIE "Au Livre Ouvert"
14, rue Daguerre
13001 Marseille

TÉL. : 45.22.31.00 - FAX : (1) 43.31.20.96

Next

N/RÉF.
V/RÉF.

S.A. AU CAPITAL DE 700 000 F - RC MARSEILLE B 562110050 - N° SIRET 56211224900011 - CODE APE 221A

Les formules utilisées

La correspondance commerciale est toujours écrite dans un but spécifique. Le rédacteur doit respecter certains usages de langage sur lesquels il peut s'appuyer pour rédiger son courrier d'entreprise. Ce courrier a tendance à se simplifier et perd de plus en plus son caractère ampoulé.

La structure générale

□ La lettre elle-même est précédée de l'appellation ou formule d'appel : le rédacteur s'adresse à son destinataire et la façon dont il s'adresse à son destinataire répond à des règles précises, codifiées par les usages.
□ On peut décomposer une lettre commerciale selon le plan-type suivant :
– l'introduction : elle est une première prise de contact avec le destinataire ou un rappel des faits ;
– le développement de la lettre : le rédacteur expose en détail le problème qu'il a et ses conséquences ;
– la conclusion : elle ne doit pas être oubliée car elle permet de donner le ton à la lettre (aimable ou irrité).
– la formule de politesse : cette formule est très stéréotypée ; il suffit donc de connaître quelques formules tout en respectant les convenances commerciales (voir en page de droite).

La conclusion

La conclusion d'une lettre commerciale doit inciter le destinataire de la lettre à entreprendre une action en relation avec ce que vous avez énoncé dans l'introduction de votre lettre : rectifier une erreur ou répondre rapidement par exemple. La conclusion doit donc être brève et précise.
Vous devez éviter les lieux communs et les expressions éculées telles que « en vous remerciant d'avance... ».
La conclusion doit spécifier, quand cela est possible, ce que vous attendez de votre correspondant et dans quels délais. Si vous vous posez la question : « Pourquoi est-ce que j'écris ? », vous aurez le contenu de votre conclusion.
Enfin, le ton de la conclusion doit être en rapport avec l'objet de la lettre (amabilité ou ton plus « sec » en cas de réclamation réitérée).

La formule de politesse

□ De nombreuses entreprises utilisent encore des formules de politesse très alambiquées. Mais la tendance actuelle est à la simplification. On trouve de plus en plus souvent des formules de politesse très simples, similaires à celles utilisées par les anglo-saxons. Ex. : cordialement vôtre, sincèrement, respectueusement.
Les circonstances imposent également le choix d'une formule (réclamations, relance, ...).

QUELQUES EXEMPLES

■ La formule d'appel

– Monsieur, Madame, Mademoiselle,
– Cher Monsieur, Chère Madame, lorsqu'on connaît la personne à qui l'on s'adresse,
– Monsieur ou Docteur lorsque l'on écrit à un médecin,
– Maître lorsque l'on écrit à un notaire, un avocat ou un conseil juridique même si c'est une femme,
– Monsieur le Préfet ou Monsieur le Commissaire de la République,
– Monsieur le Proviseur ou Madame le Proviseur.

■ L'introduction

– Nous avons le plaisir de vous informer que nous sommes en mesure de répondre favorablement à votre demande.
– Nous vous serions reconnaissants de bien vouloir nous envoyer votre catalogue.
– Veuillez nous faire parvenir les articles suivants :
– Veuillez trouver ci-joint...
– Nous accusons réception de votre courrier en date du ...
– Nous vous confirmons votre courrier du ...
– Conformément à vos instructions, nous vous livrons les articles demandés, à savoir :...
– En réponse à votre lettre du ..., nous vous signalons que nous procéderons à l'expédition de ...

■ La conclusion

– Nous vous saurions gré de bien vouloir nous communiquer votre réponse dans les meilleurs délais.
– Nous vous serions reconnaissants de nous répondre par retour de courrier.
– Nous vous réitérons nos regrets...
– Nous vous prions de bien vouloir nous excuser pour ce contre-temps.
– Nous nous permettons donc de solliciter un délai de paiement de... (jours ou semaines).
– Nous espérons que cet incident (ou contretemps) ne nuira pas à nos bonnes relations.
– Nous vous renouvelons nos excuses pour ce retard tout à fait indépendant de notre volonté.
– Sans réponse de votre part dans les 8 jours, nous nous verrons dans l'obligation de remettre votre dossier à notre service contentieux.

■ La formule de politesse

– Lettre d'égal à égal : Recevez, Monsieur, nos salutations distinguées. Veuillez recevoir, Monsieur, l'assurance de nos salutations distinguées.
– Lettre d'un inférieur à un supérieur hiérarchique : Nous vous prions d'agréer, Monsieur, l'expression de nos sentiments respectueux.
– Lettre d'un supérieur à un inférieur hiérarchique : Veuillez agréer, Monsieur, l'assurance de notre parfaite considération.

■ Erreurs à éviter

– « Veuillez agréer l'expression de nos salutations distinguées » constitue une faute de syntaxe : on agrée l'expression de sentiments mais pas des salutations. On utilisera la formule : « Veuillez agréer, M....., nos salutations distinguées. »
– « Salutations empressées » est une formule obséquieuse à éviter, sauf lorsque l'on veut s'excuser d'une faute grave.
– « Assurance » ne s'emploie pas d'inférieur à supérieur hiérarchique.

Style et ponctuation

La clarté, la concision, la précision et la courtoisie sont les composantes essentielles d'une bonne lettre commerciale. Par ailleurs, une bonne utilisation des signes de ponctuation est indispensable à une bonne communication dans et hors de l'entreprise.

Les caractéristiques d'un bon message

Il doit être un outil permettant à l'entreprise de mener à bien des actions commerciales. Il est le contraire d'un courrier à caractère littéraire ou pédagogique. Le rédacteur doit adopter un style simple : ainsi, celui-ci ne sera pas un obstacle à la transmission des messages et les informations transmises ne pourront pas être déformées.

Le style

☐ La clarté : il faut utiliser un langage clair, simple, sobre.
– Faire des phrases courtes (20 mots en moyenne).
– Éviter d'employer le passif et privilégier la forme active.
– Poser des questions au style direct.
– Éviter les répétitions et les clichés.
– Respecter la règle : un paragraphe, une idée.
– Ne pas hésiter à utiliser les formules types d'autres lettres commerciales.

☐ La concision : une lettre commerciale doit être courte et ne contenir que les informations qui vont intéresser le destinataire. Donc pas de « délayage » inutile.

☐ La courtoisie : les relations commerciales doivent toujours rester courtoises, même lorsqu'il s'agit de présenter une réclamation au destinataire. C'est le choix du vocabulaire et notamment du verbe qui donnera un ton courtois à une lettre.

☐ Le soin du langage : le style doit être soigné et assez formel. Éviter le langage trop familier ou le langage parlé.

Remarques

☐ Les mots de liaison : très importants pour l'articulation logique et la compréhension de la phrase, ils introduisent soit :
– un exemple : ainsi, notamment, par exemple.
– une précision : en d'autres termes, en ce qui concerne, en fait, quant à.
– une explication : car, c'est-à-dire, en effet.
– une argumentation : or, en revanche, au contraire.
– une conclusion : donc, en conséquence, en définitive, enfin.
– une restriction : cependant, mais, néanmoins, pourtant, toutefois.
– une addition : par ailleurs, en outre, d'une part, d'autre part, voire.

☐ L'écriture des nombres. Les milliers doivent être séparés par un espace (3 500 F) ; Les nombres décimaux sont séparés par une virgule (6,5 %).

☐ Les majuscules : la lettre majuscule s'applique aux noms propres, noms de lieux (pays, régions, etc.), noms d'habitants, jours fériés, noms de sociétés.
Par contre, on n'utilise pas la majuscule pour les noms de mois, les adjectifs issus de noms de pays (ex. : les boulangers italiens).

LA PONCTUATION

Les éléments de séparation entre phrases ou propositions

Le point est le signe le plus indispensable. Il délimite une phrase qui doit contenir une seule idée.
La virgule marque une pause à l'intérieur de la phrase. Elle s'utilise entre les éléments d'une série, entre des expressions ou des propositions circonstancielles d'une certaine longueur, entre deux propositions séparées par des conjonctions.
Le point-virgule marque une pause de moyenne durée à l'intérieur d'une phrase. Il unit des phrases complètes, logiquement associées. On ne met pas de majuscule après un point-virgule.
Le deux-points s'emploie pour annoncer la citation d'un texte, la reproduction des paroles de quelqu'un ou pour introduire une énumération. Il peut être utilisé pour annoncer la cause, la conséquence ou la synthèse de ce qui précède.
Les points de suspension vont par trois. Ils indiquent qu'une phrase est inachevée. Ils n'ont pas de raison d'être dans un courrier commercial qui doit être précis. Ils sont inutiles après etc.

Les autres signes

Le trait d'union est comme son nom l'indique, un signe d'unité. Il s'utilise dans les mots composés (ex. : compte-chèques, laissez-passer). Il s'utilise dans les expressions interrogatives : « Qu'y a-t-il ? » et entre même et le pronom auquel il se rapporte : moi-même, vous-même, etc. Quand un impératif est suivi d'un pronom qui en dépend, on les relie par un trait d'union : Dites-le-lui. Mais on ne met pas de trait d'union si le pronom dépend d'un autre verbe : « Veuillez lui remettre ce chèque ».

Le tiret : il est plus long, quant à la typographie, que le trait d'union. Il indique une rupture dans la pensée ou un détail que l'on veut souligner tout en l'insérant dans une phrase. Lorsque les mots entre tirets terminent une phrase ou une sous-phrase (deux points), le second tiret disparaît.
Les parenthèses s'emploient surtout pour intercaler dans un texte des indications accessoires. Le lecteur aura donc tendance à survoler ce qui est entre parenthèses. Il est donc prudent, si l'on veut inclure des informations importantes, de ne pas les placer entre parenthèses et de faire, dans ce cas, une phrase distincte.
Les guillemets s'emploient pour rapporter les paroles de quelqu'un. Si le passage entre guillemets demande après lui un signe de ponctuation (point d'interrogation, d'exclamation, point, deux points), celui-ci se place avant le second guillemet ; si le passage entre guillemets ne demande pas de signe de ponctuation, la ponctuation se place après le second guillemet.

Demande de documentation

Avant de prendre une décision d'achat, le client adresse à ses fournisseurs éventuels une demande d'information pour se renseigner sur la nature et les caractéristiques des produits ou des services qui lui sont nécessaires.

Objet de la lettre

Le client adresse au fournisseur une demande de documentation des produits qui l'intéressent, sous forme d'échantillons, de tarifs, de catalogues ou même d'essai. Cette documentation doit lui permettre après analyse et comparaison des offres reçues, de fixer son choix.

La demande peut être formulée soit dans une intention de commande immédiate soit en vue de la constitution d'une documentation. Quelle que soit sa nature (documentation, tarifs, essais de matériel...), elle doit être rédigée de la manière la plus claire possible, en donnant le maximum de renseignements sur la marchandise concernée. Le fournisseur peut ainsi répondre, sans risque de malentendu, en donnant toutes les informations utiles. Cela permet également à l'acheteur, s'il est fait appel à plusieurs fournisseurs, de comparer facilement les diverses offres qui lui sont faites.

L'indication de l'utilisation qui sera faite de la marchandise recherchée peut être d'un réel intérêt : le vendeur orientera ses renseignements sur un modèle plutôt qu'un autre. Enfin, l'indication de la quantité peut intervenir dans la détermination du prix sur le vendeur.

Cadre juridique

Par cette demande de documentation, l'acheteur s'informe. En aucun cas cette demande ne peut être considérée comme un engagement d'achat. Si l'information demandée exige, de la part du fournisseur, des dépenses en temps ou en matériel non négligeables, l'acheteur qui se renseigne doit être encore plus explicite en précisant bien qu'il s'agit d'un essai ou d'une démonstration « à titre gratuit, sans engagement ».

Plan de la lettre

1. Annonce de l'article sur lequel porte la demande de documentation
2. Motifs de la demande et, éventuellement, importance des besoins à satisfaire
3. Conditions d'achat du demandeur

Conseils de rédaction

L'emploi du conditionnel marque le simple désir d'information. Il importe que le destinataire ne confonde pas la demande d'information avec une commande ferme. Les renseignements demandés doivent se présenter sous la forme d'une énumération.

DEMANDE DE RENSEIGNEMENTS

Demande de documentation

Objet :
Demande de documentation

Monsieur,

Nous vous serions reconnaissants de bien vouloir nous faire parvenir une documentation détaillée sur votre gamme de ....

Nous serions tout particulièrement intéressés par vos modèles :
- ....
- ....
qui nous sont le plus fréquemment demandés par notre clientèle.

Si vos prix nous conviennent, nous prévoyons l'achat d'au moins .... de chaque modèle par mois. Nos fournisseurs habituels nous consentent un délai de paiement de 60 jours fin de mois. Nous souhaiterions avoir des livraisons qui interviendraient dans les 15 jours maximum suivant la date de commande.

Dans l'attente de vous lire, nous vous prions d'agréer, Monsieur, nos salutations distinguées.

Demande d'essai d'un appareil

Objet :
Demande d'essai

Messieurs,

Nous sommes très intéressés par votre dernier photocopieur modèle ..... Aussi souhaiterions-nous, sans engagement de notre part, en faire l'essai dans nos bureaux, en présence du personnel qui pourrait être concerné par son utilisation.

Nous vous remercions de nous faire savoir le jour et l'heure qui vous conviendraient pour procéder à cette démonstration. Nous souhaiterions que ce soit de préférence aux heures de bureau.

Si vos conditions nous convenaient, nous envisagerions de passer commande auprès de vous dans un délai très bref.

Veuillez agréer, Messieurs, l'expression de nos sentiments distingués.

Réponse à une demande de documentation

La réponse à une demande de documentation peut être le point de départ d'une affaire avec un client. Il convient donc de faire vite pour ne pas être devancé par un concurrent.

Objet de la lettre

La lettre de réponse aux demandes de renseignements doit comporter le plus de détails possibles sur le produit, la société et les conditions de vente pour que les relations soient établies d'entrée de façon très claire avec le client potentiel.
Lorsque la demande est précise, la réponse met en valeur les caractéristiques du produit proposé et insiste sur les points présentant un intérêt particulier et pouvant influencer favorablement le client. Toutes les précisions relatives au prix et aux conditions de vente doivent être données.

Cadre juridique

L'ensemble des modalités d'exécution fixées par le fournisseur constitue les conditions de vente. Ces conditions de vente regroupent plus particulièrement les réductions sur les prix, les conditions de paiement, les conditions de livraison.

☐ Le prix peut être ferme ou indicatif, sujet ou non à révision suivant un indice.
☐ Le paiement dont il est obligatoire de préciser le lieu, la date, le mode (comptant ou à crédit), le moyen (espèces, chèque ou effet de commerce).
☐ Les délais de fabrication ou de livraison peuvent être fermes ou indicatifs ; on peut préciser les conséquences du dépassement de ces délais (indemnités, pénalités, résiliation du contrat).
☐ La garantie porte soit sur les pièces uniquement ou sur les pièces et la main-d'œuvre et on en précise la durée et les cas d'exclusion.
☐ Le transport : on précise la responsabilité du destinataire en cas de livraison par un transporteur.
☐ La clause attributive de juridiction précise le tribunal compétent en cas de litige ; c'est en général celui du domicile du vendeur.

Au moment où il fait son offre, le vendeur s'engage à respecter ces conditions dans les termes mêmes où elles sont rédigées.

Plan de la lettre

1. Reprise des termes de la demande en rappelant la date d'envoi
2. Présentation précise de l'offre en ce qui concerne le prix, leur durée de validité et les conditions de vente. On utilise des termes exacts et précis. On s'attache à la clarté et à la précision du vocabulaire
3. Argumentation du vendeur : il faut montrer au client l'intérêt que l'on porte à sa demande. Cette argumentation doit être sobre, discrète mais efficace
4. Se mettre à la disposition du client pour tout renseignement complémentaire

QUELQUES EXEMPLES

Réponse à une demande précise

Objet :
V/demande de documentation

Messieurs,

Nous vous remercions de votre demande de documentation du .....
concernant notre dernière machine-outil.

Nous nous empressons de vous faire parvenir une documentation complète concernant cet article. Notre tarif et nos conditions habituelles de vente y sont indiqués ainsi que les taux de remise pour commandes importantes.

Ce matériel particulièrement robuste est d'un excellent rapport qualité-prix. Nous pouvons vous assurer que sa facilité d'emploi vous donnerait entière satisfaction.

Nous restons à votre entière disposition pour toutes informations complémentaires.

Nous vous prions d'agréer, Messieurs, nos meilleures salutations.

Réponse à une demande imprécise

Objet :
V/demande de documentation

Messieurs,

Nous avons bien reçu votre demande du .... et nous vous remercions de l'intérêt que vous portez à notre société.

Conformément à votre souhait, nous nous empressons de vous adresser notre catalogue général qui vous donnera toutes précisions sur les modèles que nous commercialisons.

Nous serions heureux de vous envoyer toute documentation complémentaire concernant les modèles de notre catalogue qui vous intéresseraient plus particulièrement. Nous vous proposons de rencontrer notre représentant M...............................
pour discuter des conditions de notre collaboration.

Veuillez agréer, Messieurs, l'expression de nos sentiments dévoués.

Lettre de vente

Afin d'étendre sa clientèle, l'entreprise doit prendre l'initiative d'attirer l'attention sur les produits qu'elle fabrique ou les services qu'elle est en mesure d'offrir. La lettre de vente permet de proposer dans le but de convaincre les prospects et de les transformer en clients.

Objet de la lettre

Suivant son type d'activité et son importance, l'entreprise assure la promotion de ses produits ou services par divers moyens : utilisation d'annonces dans la presse, d'affiches, de campagnes publicitaires par l'intermédiaire de la télévision ou de la radio, visite de la clientèle par des représentants, mais aussi envoi de correspondance sous la forme de circulaire. Ce dernier procédé est de plus en plus employé sous la forme de mailing ou publipostage. Il présente de nombreux avantages : ciblage affiné de la clientèle, possibilité d'adapter les messages promotionnels, contrôle immédiat de l'impact d'une campagne publicitaire.
Pour mesurer l'impact d'une campagne et établir d'utiles comparaisons entre différents mailings, on peut recourir à une fiche de suivi. De même, on peut calculer le rendement d'un publipostage.

Plan de la lettre

1. Présentation de la marchandise ou du service à fournir dans une introduction accrocheuse
2. Développement des arguments qui susciteront l'intérêt en insistant sur les points forts ; prévoir les objections du lecteur
3. Conclusion devant emporter l'adhésion définitive et annonce de l'envoi de catalogue ou tarif
4. Envoi d'aide à la réponse (carte-réponse ou bulletin de commande)

Conseils de rédaction

Le client doit avoir l'impression d'une sollicitation individuelle et directe comme le serait la visite d'un représentant. Sous l'aspect d'une lettre ordinaire mais personnalisée, cette offre doit retenir l'attention, éveiller l'intérêt et conduire à la décision d'achat. Il faut donc s'adresser au lecteur directement, avec des phrases courtes en lui proposant la solution à l'un de ses problèmes. Le ton est celui de la conversation, très direct, et cherche à faire réagir le lecteur.
Chaque paragraphe développe un nouvel argument, les arguments essentiels étant placés au début et à la fin du texte. L'émetteur s'implique en utilisant le pronom « nous » et implique le destinataire en le prenant à témoin par des questions, des impératifs.

Lexique

Prospect : personne ou entreprise susceptible de devenir client.

Publipostage ou mailing : opération qui consiste à expédier la même lettre à un nombre important de clients ou de prospects.

EXEMPLE DE MAILING PUBLICITAIRE

Lettre proposant un essai avant abonnement, pour un magazine

Cher Monsieur DUPONT,

En parcourant la semaine dernière, la liste de nos abonnés de Paris, nous avions toutes les raisons d'être satisfaits et même, il faut le dire assez **fiers**.

En effet, en procédant à une analyse, arrondissement par arrondissement, et rue par rue, nous avons constaté que LE POINT compte les **principaux responsables** parmi ses lecteurs.

Le pointage systématique des noms, abonné par abonné, pour le Xe arrondissement, nous a cependant réservé une **surprise** et une **déception** à la lettre « D » : nous avons cherché en vain votre nom, Monsieur DUPONT.

Je suis certain que vous **vous** intéressez à **l'actualité française et internationale**, aux **problèmes économiques, aux mouvements sociaux, aux changements de notre société, à la vie culturelle,… LE POINT** également.

Tous les journaux ont la même préoccupation, me direz-vous. Alors comment expliquer le succès du POINT ? Il découle de la formule même de notre hebdomadaire : les quotidiens, radios et télévisions vous bombardent d'images, de sons, de chocs. **Pour vous chaque semaine, LE POINT classe et explique**.

Dans le succès du POINT, il y a aussi la manière : LE POINT se distingue par son absence de parti pris et son refus d'alignement politique. **LE POINT n'a de compte à rendre à personne**. Il a été créé pour des hommes actifs qui ont, comme vous, peu de temps pour distinguer l'objectif du subjectif, le vrai du faux, le spontané de l'inspiré.

Je pense que vous n'êtes pas de ceux qui se laissent convaincre par une simple lettre (même personnelle). **C'est pourquoi je ne vous propose pas de prendre d'emblée un abonnement.**

En revanche, je suppose que vous n'êtes pas homme, Monsieur DUPONT, à refuser de faire un simple et court essai.

La rentrée, avec sa perspective d'événements importants, est un bon moment pour tester notre journal. **Ne le croyez-vous pas ?**

Avec mes sentiments les meilleurs.

Jean DELANGE

Commande

La commande est un contrat. Par ce contrat, le client s'engage à payer les marchandises commandées au fournisseur et le fournisseur s'engage à délivrer les marchandises au client.
La lettre de commande énumère les articles demandés et précise les conditions de livraison et de paiement.

Objet de la lettre

L'entreprise commande par lettre lorsqu'elle ne possède pas de bons ou bulletins de commande pré-imprimés, ou quand elle ne peut ou ne veut le faire par télécopie (la télécopie n'a aucune valeur juridique) ou télex. La lettre de commande est également utilisée lorsqu'il s'agit d'une première commande ou d'une commande spéciale ne reprenant pas les conditions habituelles fixées par le vendeur et le client.

Cadre juridique

Le contrat de vente existe dès que le vendeur accepte d'exécuter la commande de l'acheteur. Ce contrat crée des obligations pour les deux parties contractantes : le vendeur et l'acheteur.

☐ Obligations du vendeur :
- la marchandise doit être livrée aux lieu et date convenus ;
- la chose livrée doit être conforme à la commande (article 1604 du Code civil) ;
- le vendeur est responsable des défauts qui apparaîtraient après la vente et rendraient l'objet inutilisable (article 1604 du Code civil).

☐ Obligations de l'acheteur :
- prendre livraison des marchandises (article 1608 du Code civil) ;
- payer le prix convenu (article 1650 du Code civil).

☐ En cas d'inexécution des obligations du vendeur, l'acheteur peut demander la résolution du contrat ou la mise en possession de la chose. Si c'est l'acheteur qui ne respecte pas ses obligations, le vendeur peut soit demander la résolution de la vente, soit refuser de livrer la marchandise. En matière commerciale, la preuve de la vente se fait par tous les moyens. L'écrit n'est donc pas obligatoire mais c'est le moyen de preuve le plus facile.

Plan de la lettre

1. Annonce de la commande avec énumération des marchandises, de leur référence et si possible de leur prix
2. Information sur le délai de livraison souhaité
3. Demande de conditions de paiement ou rappel de celles déjà obtenues

Conseils de rédaction

- Employer le présent pour « Nous vous passons commande des articles ci-dessous... »
- Employer le futur pour « Cette commande devra nous être livrée... »
- Employer le conditionnel pour « Nous aimerions bénéficier de vos meilleures conditions de paiement... »

EXEMPLE DE LETTRE DE COMMANDE

Objet :
N/commande n° 534

Thiais,
le 3 mars 1993

Messieurs,

Nous vous prions de bien vouloir nous expédier les articles dont vous trouverez le détail ci-dessous :

– 10 rames de papier pour photocopieur, blanc
Réf 1979 58 F H.T. l'une
– 3 boîtes d'étiquettes blanches 101,6 x 35,7 mm
Réf 1334 170 F H.T. l'une
– 4 lots de 40 disquettes 3″25, double face
Réf DD 135 195 F H.T. l'une

Vous voudrez bien nous assurer la livraison de ces articles sous quinzaine.

Nous vous serions reconnaissants de bien vouloir nous faire bénéficier de vos meilleures conditions de paiement, et attendons vos propositions à ce sujet.

Nous vous prions de recevoir, Messieurs, nos salutations distinguées.

Le responsable
du service achat
M.........

Modification de commande

Le client qui vient d'adresser un ordre à l'un de ses fournisseurs peut le regretter et désirer annuler tout ou partie de cet ordre. Il peut en effet avoir reçu entre temps des propositions plus intéressantes, ou devoir faire face à des événements imprévus. Il lui adresse alors une modification de commande.

Objet de la lettre

La rédaction de cette lettre est délicate car l'acheteur revient sur une décision ferme prise librement. Il ne peut donc exiger du vendeur l'annulation de l'ordre passé mais seulement tenter d'obtenir son accord. Il ne s'agit pas ici d'un cas de force majeure qui pourrait le délier de ses engagements. Les faits sont exposés simplement et l'acheteur doit s'efforcer de prouver que l'erreur commise résulte de circonstances imprévisibles.

Cadre juridique

Comme il ne s'agit pas d'un cas de force majeure, c'est au fournisseur qu'appartient la prise de décision. Il est prudent d'envoyer une lettre recommandée avec accusé de réception pour prouver que la lettre a été expédiée et reçue.

Plan de la lettre

1. Rappel des termes de la commande et de la date
2. Annonce des modifications souhaitées
3. Exposition des raisons motivant ces modifications
4. Espoir d'obtenir l'accord du correspondant et remerciements anticipés. Afin d'attirer favorablement l'attention du vendeur, le client exprimera ses remerciements aussitôt après avoir énoncé sa demande.

Réponse du fournisseur

☐ Réponse positive. S'il s'agit d'une augmentation de commande ou si elle émane d'un client important qui doit être ménagé, le fournisseur acceptera certainement la modification.

Il refusera s'il s'agit d'une commande spéciale en cours d'exécution ou, en cas d'augmentation de la commande, si ses stocks sont insuffisants.

Lorsque le fournisseur accepte la demande d'annulation, il doit le faire sans laisser paraître sa déception, ou mauvaise humeur. Exemple : « Nous avons bien reçu votre lettre du... et selon votre désir, nous annulons votre commande du... Heureux d'avoir pu vous donner satisfaction, nous vous renouvelons, Monsieur, l'assurance de nos sentiments dévoués. »

☐ Réponse négative. Le fournisseur donnera les raisons de son refus et attirera l'attention du client sur les conséquences qu'auraient pour lui l'annulation de l'ordre donné : « L'annulation de votre ordre nous contraindrait à appliquer la clause de nos conditions de vente relative aux pénalités prévues en un tel cas. »

QUELQUES EXEMPLES

Lettre de modification de commande (recommandée avec A.R.)

Objet :
Modification de commande

Monsieur,

Par notre lettre du ...... dernier nous vous avons commandé les articles suivants : ......

–
–
–

Accepteriez-vous de réduire la quantité de ces articles de moitié ?

En effet, notre nouvelle unité de stockage en construction devait être terminée la semaine dernière et, du fait de circonstances imprévues, nous ne pourrons l'utiliser que dans un mois. Notre capacité de stockage se trouve donc ainsi réduite par rapport à nos prévisions.

Nous souhaitons vivement qu'il vous soit possible de nous donner votre accord sur cette modification de commande et vous en remercions par avance.

Veuillez agréer, Monsieur, l'expression de nos sentiments distingués.

Demande d'annulation pure et simple

Objet :
Annulation de N/commande n°

Messieurs,
Le .... dernier, nous vous avons commandé 4 000 m^2 de tuiles pour un chantier à Niort.

Or, le promoteur pour lequel nous devions travailler vient d'être déclaré en règlement judiciaire et abandonne de ce fait la poursuite de ce chantier.

Accepteriez-vous, en conséquence, d'annuler notre commande ?

Dans l'espoir qu'il vous sera possible de nous donner satisfaction, nous vous prions d'agréer, Messieurs, nos salutations distinguées.

A.R. de la commande (sans problème)

Dès réception de la commande, le fournisseur procède à la vérification de ses stocks. S'il n'y a pas de problème, il accuse réception de la commande au client.

Objet de la lettre

Le fournisseur avertit son client, avec l'accusé de réception, que la commande est bien enregistrée. Cette lettre n'est pas obligatoire dans le cas de commandes répétitives ou de relations commerciales continues. Elle est toutefois indispensable dans quatre cas : commande passée par téléphone, commande adressée par l'intermédiaire d'un représentant, commandes dont le montant est important ou commandes provenant d'un pays étranger.

Cadre juridique

Le contrat n'est réellement conclu qu'au moment où le vendeur accepte la vente par l'intermédiaire de l'accusé de réception de commande.

Plan de la lettre

La lettre d'accusé de réception de la commande reprend chaque partie de la lettre de commande reçue. Elle se découpe en quatre parties :

1. Accusé de réception de la commande avec remerciements
2. Éventuellement pour éviter tout malentendu, rappel du détail des marchandises (surtout lorsque la commande a été prise par un représentant ou par téléphone)
3. Accord ou rappel des conditions de livraison et de paiement
4. Manifester la volonté de donner satisfaction au client

Formules types

☐ Accusé de réception

« Nous vous accusons réception de la commande citée en référence et vous en remercions. »

« Nous avons bien reçu votre commande citée… »

« Votre commande citée en référence nous est bien parvenue… »

« Nous vous remercions de votre commande… »

Attention : utiliser à bon escient les termes suivants : « Accusé de réception » pour le substantif et « Accuser réception » pour le verbe.

☐ Rappel des conditions

« Nous procéderons, à la date prévue, à l'expédition de tous les articles. »

« Nous vous rappelons que le règlement est à effectuer par chèque à réception de la facture. »

☐ Conclusion

« Nous nous efforcerons de vous donner entière satisfaction. »

« Nous ferons tout notre possible pour exécuter votre ordre avec soin. »

LETTRE AR DE LA COMMANDE
(sans problème)

N/Réf :
PR
Objet :
V/commande n° 732
P.J. :
Conditions générales de vente

Chennevières,
le

Messieurs,

Vous avez bien voulu confier une commande à notre représentant lors de son passage et nous vous en remercions.

Nous avons le plaisir de vous confirmer que nous sommes en mesure de vous livrer les marchandises commandées, soit :

– 10 rames de papier pour photocopieur, blanc
Réf 1979 58 F H.T. l'une
– 3 boîtes d'étiquettes blanches 101,6 x 35,7 mm
Réf 1334 170 F H.T. l'une
– 4 lots de 40 disquettes 3"25, double face
Réf DD 135 195 F H.T. l'une

Nous vous assurons une livraison sous quinzaine conformément à votre demande. Vous trouverez ci-joint nos conditions habituelles de vente, mais nous avons le plaisir de vous accorder une remise exceptionnelle de 10 % sur la totalité de cette première commande.

Nous vous assurons que tous nos soins seront apportés à l'exécution de votre ordre.

Veuillez agréer, Messieurs, l'expression de nos sentiments dévoués.

Le Directeur des Ventes

A.R. d'une commande (avec litige)

Des difficultés peuvent surgir dans l'exécution d'une commande. Dans tous ces cas, le fournisseur doit avertir le client au plus vite.

Objet de la lettre

Le client peut avoir été imprécis, avoir fait une erreur de prix, une erreur de délai ou commandé un article inexistant.
Le fournisseur peut avoir à faire face à une rupture de stock ou à un retard de livraison imprévu.
La commande ne peut donc être honorée aux conditions souhaitées par le client.
Un courrier rédigé par le fournisseur doit avertir le client des difficultés. Ce courrier est délicat car il doit permettre de conserver la confiance du client tout en trouvant une solution aux difficultés sur l'affaire en vue.
Lorsque le fournisseur est dans l'incapacité d'exécuter la commande adressée par le client, plusieurs possibilités s'offrent à lui : si le problème vient d'une imprécision ou d'une erreur du client, le fournisseur prend contact avec ce dernier par téléphone afin d'obtenir des précisions ou des rectifications.
S'il s'agit d'une rupture de stock ou d'un retard de livraison à prévoir, le fournisseur doit avertir le client du problème. Il lui propose éventuellement un article de remplacement ou de nouveaux délais de livraison.
Il met ensuite la commande en attente de la confirmation du client.

Cadre juridique

Le fournisseur doit normalement demander confirmation de l'ordre de son client.
En effet, le client n'est pas tenu d'accepter un délai de livraison plus long ou la fourniture d'un autre produit que celui commandé : il peut annuler son ordre (article 1610 du Code civil).

Plan de la lettre

1. Accuser réception de la commande et remercier de l'ordre reçu
2. Informer de l'impossibilité d'exécuter la commande dans sa totalité et en donner la raison
3. Présenter des excuses et proposer un article de remplacement, de nouveaux délais ou une solution en développant les arguments qui paraissent susceptibles de faire accepter les modifications par le correspondant
4. Exprimer l'espoir que la solution envisagée aura l'accord de l'intéressé et l'inviter à faire connaître de toute façon sa décision

LETTRES A.R. D'UNE COMMANDE (avec problème)

Rupture de stock sur un produit

Messieurs,

Votre commande ci-dessus référencée nous est bien parvenue et nous vous en remercions.

Cependant, nous sommes dans l'impossibilité de pouvoir satisfaire pleinement votre demande. En effet, l'article suivant : 4 lots de 40 disquettes 3"25, double face Réf DD 135 que vous demandez est épuisé et la reconstitution du stock nous oblige à vous imposer un délai d'attente de 3 semaines.

Nous vous présentons nos excuses pour ce contretemps et espérons qu'il ne vous causera aucun préjudice. Nous vous proposons en équivalence un produit similaire, référence DD 346 dont vous trouverez tous les détails sur l'imprimé ci-joint.

Nous attendons vos instructions pour la suite à donner à votre commande.

Nous vous prions d'agréer, Messieurs, l'expression de nos sentiments dévoués.

Livraison retardée pour raison d'afflux de commande

Messieurs,

Nous accusons réception de votre commande n° 732 du 25 mars et vous en remercions.

Cependant, nous avons le regret de ne pouvoir vous livrer à la date prévue soit le 9 avril. En effet, le fabricant s'est trouvé dans l'obligation d'allonger ses propres délais de livraison en raison d'un afflux considérable de commandes.

Nous vous prions de nous excuser pour ce contretemps et vous assurons de nos efforts pour vous satisfaire au mieux. Notre stock sera normalement reconstitué le 15 avril et nous pourrons, à partir de cette date, effectuer l'expédition des articles commandés.

Nous vous serions reconnaissants de bien vouloir nous notifier votre accord pour ce report de date de livraison.

Nous vous prions d'agréer, Messieurs, l'expression de nos sentiments dévoués.

Confirmation de livraison

Au moment de l'exécution de la commande, l'entreprise à la possibilité d'envoyer à son client un avis d'expédition afin de l'informer de la date d'expédition, de la date de livraison prévue et du nom du transporteur responsable de l'acheminement des marchandises.

Objet de la lettre

☐ La lettre d'avis d'expédition est une lettre informant l'acheteur de l'expédition des marchandises qu'il a commandées et qui est souvent jointe à la facture. Cet avis est surtout utilisé par les entreprises traitant directement avec une clientèle privée, car il atténue le caractère trop administratif de la facture et apporte une note personnelle aux relations de fournisseur à client.

☐ Elle est indispensable dans tous les cas où l'acheteur a intérêt à être prévenu de l'arrivée de ces marchandises, afin qu'il puisse prendre les dispositions voulues pour les recevoir.

☐ D'autre part, l'acheteur ne sait pas toujours utiliser au mieux ce qui lui a été livré et lorsque du fait de sa maladresse ou de sa négligence, la marchandise ne lui apporte pas les satisfactions qu'il en attendait, il risque de se retourner contre le fournisseur.

Cadre juridique

Il est important d'attirer l'attention de l'acheteur sur les précautions qu'il doit prendre lors de la réception des marchandises et, spécialement sur ses obligations de destinataire en cas d'incident de transport (avarie, manquant, retard...) :

– pour la clientèle commerçante, au courant des lois et usages du commerce, la formule habituelle mentionnée sur la facture ou reproduite en marge de l'avis d'expédition : « Nos marchandises, même expédiées franco, voyagent aux risques et périls du destinataire », est suffisamment claire.

– lorsqu'on s'adresse à une clientèle moins avertie, il vaut mieux être plus explicite et donner au destinataire de l'envoi, dans le texte même de l'avis d'expédition, des recommandations détaillées sur la manière de procéder, à l'arrivée de la marchandise, pour sauvegarder ses droits en cas d'incident dont le transporteur est responsable.

Une grande attention doit être apportée dans la rédaction des clauses fixant l'étendue de la garantie, qui peut être lourde de conséquence pour le vendeur.

Plan de la lettre

1. Annoncer l'expédition en précisant les dates d'expédition, de livraison prévue et le nom du transporteur
2. Assurer que le plus grand soin a été apporté dans la préparation de l'envoi et exprimer l'espoir que le client sera satisfait
3. Faire connaître s'il y a lieu le mode de règlement
4. Souligner la nécessité de vérifier la livraison devant le transporteur et de respecter strictement le mode d'emploi joint à chaque article

EXEMPLES DE LETTRES

Avis d'expédition

Monsieur,

La marchandise que vous nous avez commandée le ..... par votre bon de commande n° ..... a été expédiée ce jour. Elle vous sera livrée le ..... dans la journée par transporteur spécial.

Nous avons apporté tout le soin nécessaire à l'exécution de cette commande et nous espérons qu'elle vous donnera entière satisfaction.

Vous trouverez ci-joint la facture correspondante. Nous vous remercions de bien vouloir nous régler par tout moyen à votre convenance dans les 10 jours suivant la réception de la marchandise.

Nous attirons votre attention sur le fait que cette marchandise voyage aux risques et périls du destinataire et qu'il vous appartient de vérifier tous les colis lors de la livraison. Dans le cas où vous constateriez une avarie ou un manquant, mentionnez vos réserves sur le bon de réception. Ainsi vous préserverez vos droits pour demander des dommages et intérêts au transporteur.

Veuillez agréer, Messieurs, nos salutations distinguées.

Conseils relatifs à l'utilisation de la marchandise

Monsieur,

Nous vous remercions pour votre commande citée en référence.

Les marchandises commandées vous sont expédiées ce jour.

Nous vous remettons ci-joint la facture correspondante que vous voudrez bien régler dès réception, par tout moyen à votre convenance.

Pour obtenir de bons résultats et éviter tout accident, veuillez insister auprès de vos clients sur la nécessité de respecter strictement le mode d'emploi joint à chaque article.

Soyez assurés que les ordres que vous voulez bien nous confier sont toujours exécutés avec le plus grand soin.

Nous vous prions d'agréer, Messieurs, l'expression de nos sentiments dévoués.

Réclamation liée à une erreur de livraison

Le fournisseur peut commettre une erreur de livraison. Il doit alors accepter le retour en port dû des articles non conformes et livrer dans les meilleurs délais les articles commandés.

Objet de la lettre

C'est un courrier que le client adresse à son fournisseur dans plusieurs situations :
– quand les marchandises reçues sont défectueuses,
– quand les marchandises reçues ne sont pas conformes à la commande,
– quand les quantités n'ont pas été respectées.

Certaines erreurs n'entraînent pas forcément un préjudice immédiat ou important et peuvent être facilement réparables. D'autres peuvent entraîner un « manque à gagner » ou une perte de clientèle pour l'acheteur, et font l'objet de dédommagements.

Cadre juridique

Normalement, l'erreur doit être constatée lors de la livraison car le client doit vérifier les articles en présence du livreur. Le client émettra des réserves, le cas échéant, sur le bulletin de livraison.

Les réserves faites à la réception doivent être confirmées au fournisseur par lettre recommandée dans les 3 jours ouvrables (non fériés) qui suivent la livraison. Le courrier recommandé permet d'engager une action en justice pour indemnisation du préjudice subi quand une solution à l'amiable entre les deux parties n'est pas possible.

Plan de la lettre

1. Accuser réception de la livraison en précisant la date
2. Signaler l'erreur ou confirmer les réserves émises lors de la livraison. La réclamation doit être particulièrement précise au niveau de l'erreur constatée (article, réf., coloris, taille, quantité, date, etc.)
3. Demander réparation du préjudice et informer du renvoi des marchandises ou demander instructions au fournisseur. La demande exige une certaine fermeté de ton :
« Nous demandons le remplacement de l'article… par retour. »
« Nous vous prions de faire le nécessaire pour que la livraison soit immédiate. »
4. Émettre le vœu que le problème ne se reproduira plus

Lexique

Port dû : le transport est payé au départ par le vendeur qui le facture ensuite à l'acheteur.

Port payé : le transport est payé par l'acheteur, soit à l'arrivée de la marchandise, soit à la réception de la facture de transport.

Franco de port : le transport est payé par le vendeur, il est gratuit pour l'acheteur.

EXEMPLES DE LETTRES

Articles non conformes à la commande

Lettre recommandée
avec accusé de réception

Objet :
Erreur de livraison
Commande n° 58

Chennevières,
le 25 mars 1994

Messieurs,

Nous accusons réception de votre livraison du 24 mars.

Or, après vérification, nous nous permettons de vous faire remarquer que les articles livrés ne sont pas conformes à ceux commandés (copie de la commande ci-jointe).

Aussi nous vous demandons de bien vouloir nous réexpédier dans les plus brefs délais les articles manquants.

Les articles reçus ne correspondant pas à nos besoins, nous vous les renvoyons en port dû.

Nous espérons qu'un tel incident ne se produira plus.

Veuillez agréer, Messieurs, nos salutations les meilleures.

Le Chef du Service des Achats

Marchandises défectueuses

Lettre recommandée
avec A.R.

Objet :
V/Livraison n° 307

Chennevières,
le 25 mars 1994

Messieurs,

Votre transporteur vient de nous livrer les articles relatifs à notre commande n° 48.

Par la présente, nous vous confirmons les réserves formulées en présence de votre livreur sur le bulletin de livraison à savoir :

– ....
– ....

Aussi, nous vous proposons de conserver ces articles avec une remise de 10 % afin de pouvoir effectuer une vente promotionnelle.

Nous vous prions d'agréer, Messieurs, nos salutations distinguées.

Réponse du fournisseur à une réclamation justifiée

Cette lettre donne des explications ou des justifications au client mécontent. Elle doit essayer de maintenir une bonne image de l'entreprise.

Objet de la lettre

Le fournisseur doit toujours mettre en avant son désir de régler l'incident au mieux.

La lettre de réponse à une réclamation justifiée doit faire sentir le prix que le fournisseur attache à sa clientèle. Elle insiste davantage sur les solutions positives qu'elle apporte que sur les raisons négatives expliquant l'incident. S'il y a préjudice, le fournisseur va proposer réparation.

Le fournisseur terminera sa lettre en demandant l'indulgence du client et en assurant qu'un tel fait ne se reproduira plus.

Cadre juridique

Par le contrat de vente, l'obligation est faite au vendeur de livrer exactement la chose convenue. L'article 1641 du Code civil rend le fournisseur responsable, il doit donc réparation. Le client est en droit d'attendre des marchandises de parfaite qualité ; il peut exiger la livraison d'une pièce de remplacement. Le défaut signalé aurait dû être détecté lors du contrôle qui suit la fabrication.

Plan de la lettre

1. Accuser réception de la lettre citée en objet concernant la livraison erronée n°...
2. Présenter des excuses et tenter de donner une explication à cette faute
3. Expliquer la faute en insistant sur l'attention portée à la réclamation du client
4. Proposer une réparation s'il y a eu préjudice
5. Solliciter l'indulgence du client et promettre d'éviter le retour d'un tel fait

Conseils de rédaction

Il n'appartient pas au fournisseur de qualifier l'erreur, on évite donc « petite erreur », « léger incident ». Il ne doit pas non plus insister sur sa responsabilité : il s'excuse mais n'abuse pas de mots tels que « regretter, déplorer, dommage, préjudice ». Lorsque la réclamation est fondée, le fournisseur commence par donner raison au client et lui dire que sa réaction est tout à fait compréhensible.

Dans la mesure du possible, il faut éviter les raisons qui terniraient l'image de marque de l'entreprise (mauvaise organisation du travail, du personnel etc...). Il ne faut invoquer une grève, un cas de force majeure (inondation, incendie) que si le fait s'est réellement produit, ce qui ne peut être qu'exceptionnel. La faute ne doit jamais être rejetée sur un collaborateur.

Montrer que la faute a donné lieu à une enquête sérieuse afin d'en retrouver la raison. Le client comprend ainsi l'impression que sa demande a retenu l'attention qu'elle méritait.

EXEMPLES DE LETTRES

Objet :
V/réclamation du …

Messieurs,

Par votre lettre du ....., vous nous informez qu'une partie des articles que nous vous avons livrés le ..... est défectueuse.

Nous regrettons vivement que ce fait ait échappé à nos services de contrôle et vous prions de bien vouloir nous en excuser.

En cette période de vacances, nous avons dû faire appel à un personnel intérimaire qui, tout en étant très consciencieux, manque encore d'expérience.

Afin de vous permettre de respecter les exigences de votre fabrication, nous vous expédions aujourd'hui même, en régime accéléré et en port payé les articles de remplacement. Accepteriez-vous de conserver les pièces défectueuses moyennant un rabais de 30 % sur les prix de notre tarif ?

Nous vous prions de ne pas nous tenir rigueur de cet incident aussi involontaire qu'exceptionnel et espérons que ce contretemps n'aura pour vous aucune conséquence préjudiciable.

Nous vous prions de croire, Messieurs, en notre entier dévouement.

Messieurs,

Nous accusons réception de votre courrier nous indiquant que vous aviez reçu de la marchandise que vous n'aviez pas commandée.

Après enquête dans nos services, il s'avère que nous vous avons expédié une commande destinée à un autre client.

Nous vous prions de bien vouloir nous excuser pour cette regrettable erreur, et vous demandons de bien vouloir conserver cette marchandise en dépôt jusqu'à ce que notre transporteur passe la récupérer d'ici quelques jours.

Nous renouvelons nos excuses pour le dérangement que nous avons pu vous causer et vous prions de croire, Messieurs, à l'assurance de nos sentiments les meilleurs.

Réclamation au transporteur

Avant de prendre livraison d'une commande, si l'on constate des manquants ou des avaries, il faut exprimer des réserves sur le bon de livraison et les confirmer obligatoirement par courrier.

Objet de la lettre

Les marchandises voyagent aux risques et périls du destinataire, c'est donc à lui d'intervenir auprès du transporteur en cas de problème.

☐ Si la réclamation concerne des avaries ou manquants constatés lors de la livraison : le client doit inviter le livreur à constater la nature et l'importance des avaries. La description précise et détaillée des faits constatés sera consignée sur le registre du transporteur ou sur la feuille d'émargement (bon ou bulletin de livraison) et signée par le destinataire et le livreur. Ces réserves doivent être confirmées au transporteur dans les trois jours qui suivent par lettre recommandée adressée au transporteur.

☐ Si la réclamation concerne des avaries ou manquants constatés après avoir pris livraison : l'acheteur doit prouver par expertise, par témoins, ou de toute autre manière, que les avaries ou les manquants se sont produits alors que la marchandise était encore sous la garde du transporteur. Il doit faire des réserves par écrit dans la même forme et les mêmes délais que dans le cas précédent.

☐ Si la réclamation concerne un retard de livraison : le destinataire doit notifier ses réserves au transporteur par lettre recommandée. Il constate le retard, demande la mise à disposition des marchandises et formule des réserves quant au préjudice subi du fait du retard de livraison. Il avise également le fournisseur.

Cadre juridique

Le transporteur, par le contrat de transport, assume l'obligation de transporter une chose d'un point à un autre, dans des conditions et des délais déterminés. S'il n'exécute pas son obligation, il commet une faute de nature contractuelle (Code civil art. 1147).

C'est à lui de faire la preuve que le dommage ne lui est pas imputable (cas de force majeure, faute de l'expéditeur, faute du destinataire ou faute d'un tiers).

Plan de la lettre

1. Accuser réception de la livraison en rappelant la date
2. Les réserves sont reprises et détaillées. Comme toute lettre de réclamation, la notification doit exposer les faits et décrire le dommage
3. Demander réparation du préjudice (livraison ou indemnisation)

Lexique

Cas de force majeure : événement qu'on ne peut empêcher et dont on n'est pas responsable (foudre, éboulement, inondation)

Avarie : dommage survenu aux marchandises au cours d'un transport.

EXEMPLES DE LETTRES

Confirmation de réserves

Lettre recommandée avec A.R.

Objet :
V/ livraison du

Monsieur,

Nous vous rappelons que vous avez assuré le .... le transport et la livraison de marchandises commandées à notre fournisseur ....

Par la présente, nous vous confirmons les réserves formulées sur le bon de livraison, à savoir :

–
–
–

Ces avaries ont d'ailleurs été confirmées par le livreur.

Votre responsabilité étant engagée, nous vous demandons de faire le nécessaire auprès de notre fournisseur pour que soit assuré dans les meilleurs délais le remplacement des articles défectueux.

Nous comptons sur un règlement rapide du litige et vous prions d'agréer, Monsieur, nos salutations distinguées.

Retard de livraison

Lettre recommandée avec A.R.

Messieurs,

La société X..... vous a remis le 15 mai dernier trois colis contenant des pièces détachées pour machine à laver, qui, auraient dû nous être livrés le 17. Or, à ce jour, nous n'avons toujours rien reçu.

Nous vous mettons en demeure, par la présente lettre, de mettre l'expédition concernée à notre disposition dans les plus brefs délais. Nous faisons toutes les réserves en ce qui concerne le préjudice que nous cause ce retard.

Veuillez agréer, Messieurs, nos salutations distinguées.

Appel d'offres

L'appel d'offres est un moyen de contacter divers fournisseurs afin de connaître leurs conditions de vente. L'entreprise a recours à ce moyen lorsqu'elle a besoin d'un article qu'elle n'a jamais commandé, ou si le fournisseur habituel de cet article ne convient plus.

Objet

□ L'appel d'offres est une demande de prix. Il permet de prendre contact avec les fournisseurs susceptibles de livrer l'article désiré. Les demandes de prix concernent des fournitures ou des travaux qui ne sont pas de série, pour lesquels le vendeur ne peut établir de catalogue ou de tarif. Ce dernier procède à une étude individuelle de la demande pour fixer ses conditions d'exécution qui seront décrites de manière détaillée dans un document spécial appelé « devis ».

□ Après avoir établi une liste de fournisseurs potentiels, l'acheteur fait un appel d'offres en précisant uniquement la nature et les caractéristiques de ce qu'il désire acheter, il laisse alors au fournisseur le soin de déterminer les conditions de son offre. Il peut aussi indiquer les délais et modalités de livraison dont il aura besoin, ou ses conditions d'achat en indiquant comment devront lui être expédiées les marchandises, comment il entend payer…

□ À la réception des réponses des fournisseurs, chaque proposition est étudiée attentivement. La comparaison entre les différentes propositions est faite sous forme d'un tableau qui doit faire apparaître :
- le montant de la commande hors-taxes
- les délais de livraison
- les conditions de paiement
- les observations diverses : service après-vente, garantie…

La décision finale est prise en fonction du meilleur rapport qualité/prix.

Cadre juridique

Comme la demande de documentation, l'appel d'offres est une demande de renseignements. Il ne constitue en aucun cas un engagement auprès du fournisseur.

Par contre, si le fournisseur est intéressé, il fait une proposition par lettre ou par l'intermédiaire d'un représentant.

Cette proposition est appelée « offre ferme » car le fournisseur s'engage, par cette opération, à respecter les conditions indiquées dans sa réponse – du moins pendant un certain temps (durée de validité de l'offre).

Plan de la lettre

1. Demande de prix et précision de l'objet de l'appel d'offres
2. Précision ou non des conditions d'achat du demandeur
3. Invitation à demander tout renseignement utile

EXEMPLES

Appel d'offres sans précision

Monsieur,

Nous vous prions de nous indiquer votre meilleur prix, pour la fourniture de .... ainsi que vos conditions de vente.

La livraison devrait se faire pour le .... prochain, au plus tard à ....

Nous nous tenons à votre disposition pour vous donner tout renseignement qui vous serait utile afin d'établir votre offre.

Veuillez agréer, Monsieur, l'assurance de nos salutations distinguées.

Appel d'offres avec conditions d'achat

Messieurs,

Nous vous prions de nous indiquer votre meilleur prix pour la fourniture de ....

La livraison devrait se faire en franco de port à ...., pour le .... prochain au plus tard.

Le règlement aurait lieu à 60 jours fin de mois par lettre de change payable à la Banque suivante : ....

Nous nous tenons à votre disposition pour vous donner tout renseignement qui pourrait vous être utile pour établir votre offre.

Veuillez agréer, Messieurs, l'assurance de nos salutations distinguées.

Envoi de règlement

À la réception de la facture, le client doit procéder au règlement de celle-ci. Si le règlement s'effectue au comptant, le paiement se fera immédiatement à l'aide d'un chèque. Si le règlement se fait à crédit, le fournisseur établit une traite qu'il envoie au client pour acceptation.

Paiement par chèque

☐ Objet de la lettre

Le mode de paiement au comptant le plus couramment utilisé est le chèque bancaire. Ce dernier doit être envoyé au fournisseur dans les 48 h suivant la réception de la facture et l'on doit y joindre une lettre d'accompagnement.
Cette opération administrative fréquente donne lieu le plus souvent à l'emploi d'une lettre-type, complétée par repiquage.

☐ Plan

1. Accuser réception de la facture
2. Annoncer l'envoi du chèque en précisant son montant et son numéro
3. Souhaiter une bonne réception

Paiement par lettre de change

☐ Objet de la lettre

S'il s'agit d'un paiement à crédit (à 30, 60 ou 90 jours de fin de mois), le moyen de paiement adopté le plus fréquemment est la lettre de change. C'est le fournisseur qui l'établit. Il l'envoie au client accompagnée de la facture et d'une demande d'acceptation de la traite.

☐ Plan

1. Annoncer l'envoi de la facture et de la traite en précisant le montant
2. Demander l'acceptation de la traite et son retour rapide
3. Souhaiter une bonne réception des documents

☐ Conseils de rédaction

La correspondance relative aux envois de valeurs ne doit pas contenir de commentaire et ne doit pas plaider une cause. Il s'agit de simples avis d'envoi, brefs mais très précis que s'adressent les parties intéressées.

Lexique

Payable à réception : règlement au comptant.

Lettre type : lettre circulaire réutilisable, à quelques modifications près (date, destinataire, ...).

Traite : appelée également lettre de change, c'est un document par lequel une personne, le tireur (le fournisseur), donne l'ordre à une autre personne, le tiré (le client), de payer à un bénéficiaire (le tireur lui-même ou sa banque) une certaine somme à une date déterminée.

Acceptation d'une traite : signature du tiré par laquelle il s'engage à payer le montant de la traite à l'échéance prévue.

Échéance : c'est la date à laquelle le client doit payer sa dette.

EXEMPLES DE LETTRES

Lettre d'accompagnement de chèque (envoi du client)

Messieurs,

Nous avons bien reçu votre facture N° .... du ....

Nous vous prions de bien vouloir trouver, ci-joint, un chèque n° .... d'un montant de .... F en règlement de notre dette.

Nous vous en souhaitons bonne réception et vous prions d'agréer, Messieurs, l'expression de nos sentiments dévoués.

Lettre d'accompagnement de traite (envoi du fournisseur)

Messieurs,

Nous vous prions de bien vouloir trouver, ci-joint, notre facture n° .... d'un montant de .... ainsi qu'une traite à échéance au .... d'un même montant.

Veuillez l'accepter et nous la faire parvenir par retour du courrier.

Nous vous souhaitons bonne réception de ces documents et vous prions d'agréer, Messieurs, l'expression de nos sentiments dévoués.

Lettre-chèque avec demande de reçu
(utilisée par exemple par les études notariées)

Messieurs,

Vous trouverez ci-dessous un chèque n° .... d'un montant de .... F en règlement de notre commande .... (votre facture ....).

Nous vous remercions de bien vouloir nous retourner le double de cette lettre datée et signée avant de remettre le chèque à l'encaissement.

Vous en souhaitant bonne réception, nous vous prions d'agréer, Messieurs, nos meilleures salutations.

Facturation

S'il n'existe pas de présentation obligatoire de facture, la loi impose d'y faire figurer un certain nombre de mentions obligatoires. C'est un document très important puisqu'il représente la créance du fournisseur sur le client.

Objet du document

La facture est rédigée par le fournisseur et détaille le prix des marchandises ou des services que devra payer l'acheteur après avoir été livré. Elle est établie soit avant la livraison et remplace alors le bon de livraison, soit après la livraison lors du retour du bon de réception ou du bordereau de transport.
Ce document doit être obligatoirement enregistré en comptabilité : il est la preuve d'une opération de vente ou d'achat.

Cadre juridique

L'ordonnance n° 86-1243 du 1er décembre 1986 relative à la liberté des prix et de la concurrence prévoit les modalités de rédaction des factures. Elle précise que tout achat de produit ou toute prestation de service pour une activité professionnelle doit faire l'objet d'une facturation. Le vendeur est tenu de délivrer la facture dès la réalisation de la vente ou de la prestation du service. L'acheteur doit la réclamer.
La facture est obligatoirement établie en deux exemplaires. Le vendeur et l'acheteur doivent en conserver chacun un exemplaire.
Un certain nombre de mentions doivent figurer obligatoirement sur la facture, notamment les remises, ristournes et rabais accordés. Cela peut permettre au législateur de contrôler que les règles de la concurrence jouent et que les avantages consentis par certaines entreprises à d'autres entreprises sont faits au grand jour. Une amende pouvant aller jusqu'à 100 000 F peut être infligée à l'auteur d'une facture si une seule des mentions obligatoires n'y figure pas.

Présentation du document

☐ L'en-tête :
- identification du fournisseur (nom et adresse, numéro de téléphone, de télex, de registre de commerce)
- nom et adresse du client
- numéro, date et lieu de création de la facture
- conditions de vente et renseignements divers comme le numéro du client, de la commande correspondante

☐ Le corps du document :
- dénomination et quantité précise des produits vendus ou des services rendus
- prix unitaire hors TVA
- mention de tout rabais, remise ou ristourne
- total hors taxe
- montant de la TVA et net à payer

FACTURE TYPE

Raison sociale
Siège social
Activité
RC

CLIENT :
Nom et adresse

Facture n°

N° client	N° commande

à ....
Le ....

Réf.	Désignation	Qté	PU HT	PT HT	TVA

Total HT ....

TVA 18,6 % ....

Rabais, Remise,
Ristourne ....

Net à payer ......

Réserves de propriété (loi du 12/05/80 n° 80 335)
La marchandise reste la propriété du vendeur jusqu'à complet paiement du prix.
Toutefois la responsabilité des marchandises est transférée à l'acheteur dès délivrance.

Réclamation pour incident de règlement

Lors du paiement de la facture par le client, le fournisseur peut avoir à faire face à certains incidents : chèque mal rempli, ou incomplet, lettre de change retournée impayée.

Paiement par chèque

☐ Objet de la lettre. Quand l'entreprise constate une erreur sur le chèque envoyé par le client (oubli de signature ; montant ; nom du bénéficiaire, numéro de compte postal à créditer erronés ; ratures importantes), elle envoie un courrier pour demander soit de compléter le chèque qu'elle retourne, soit de refaire le chèque qu'elle retourne.

☐ Plan
1. Accuser réception du règlement et remercier
2. Informer de l'erreur trouvée
3. Demander un nouveau titre de paiement conforme à la facture

Paiement par lettre de change

☐ Objet de la lettre. Après avoir reçu de sa banque un avis d'impayé, spécifiant ou non le motif du refus, le créancier va se mettre en rapport avec son débiteur pour obtenir le règlement de sa facture dans les plus brefs délais. La demande de règlement portera sur le principal augmenté des frais de retour de l'effet.

Le contenu et le ton de la lettre varient selon qu'il s'agit, d'un débiteur qui a toujours été très ponctuel dans ses règlements et dont le crédit est considéré comme tout à fait sûr ou d'un débiteur qui n'en est pas à sa première défaillance à l'égard de l'entreprise.

Les motifs de non-paiement le plus souvent rencontrés sont : une gêne passagère de trésorerie, une négligence (le débiteur n'a pas prévenu l'établissement domiciliataire), ou encore la mauvaise foi du débiteur.

☐ Cadre juridique. Lorsque le débiteur accepte l'effet de commerce, il s'engage à approvisionner son compte à la date de l'échéance. De plus, il doit prévenir sa banque dix jours avant l'échéance que la banque du bénéficiaire va réclamer le paiement de l'effet.

En cas de non-paiement de l'effet à l'échéance, le bénéficiaire doit faire dresser un protêt pour défaut de paiement par un huissier dans les deux jours ouvrables qui suivent l'échéance.

☐ Plan
1. Informer du retour de l'effet impayé
2. Exprimer la surprise causée par le retour
3. Demander le paiement immédiat (valeur nominale + frais) par tout moyen
4. Formuler l'espoir de recevoir rapidement le règlement attendu

---

Lexique

Établissement domiciliataire : banque qui est chargée de payer la traite au nom du débiteur

Principal ou valeur nominale : montant inscrit sur la traite.

EXEMPLES DE LETTRES

Réclamation pour erreur dans le libellé du chèque

Messieurs,

Votre règlement par chèque concernant notre facture N° .... du .... nous est bien parvenu et nous vous en remercions.

Vous nous avez toutefois adressé un chèque de .... au lieu de .... F dus.

Aussi, nous vous serions reconnaissants de nous envoyer dans les plus brefs délais un nouveau chèque de .... F correspondant au montant de la facture.

Veuillez croire, Messieurs, à l'assurance de nos sentiments les meilleurs.

Réclamation pour lettre de change impayée

Messieurs,

Notre banque nous retourne, impayée, la lettre de change de .... F, que nous avions tirée sur vous à fin ...., pour solde de notre facture du ....

Cet effet ayant été accepté par vous, nous sommes très surpris de ce retour et espèrons qu'il s'agit d'une erreur ou d'un malentendu.

En conséquence, veuillez nous adresser, par tout moyen à votre choix, le montant ci-dessus indiqué, augmenté des frais de retour, soit au total .... F par un prochain courrier.

Nous vous remercions par avance de la rapidité de votre règlement.

Veuillez agréer, Messieurs, nos salutations distinguées.

Demande de crédit à un fournisseur

En règle générale, le paiement des commandes s'effectue au comptant. Cependant, les entreprises peuvent demander l'ouverture d'un compte chez un fournisseur.

Objet de la lettre

☐ La lettre de demande de crédit à un fournisseur peut, selon les circonstances, être une demande d'ouverture de compte ou la confirmation d'un accord de crédit. Après enquête ce dernier peut accepter la demande de son client et lui faire bénéficier d'un délai de paiement de 30, 45 ou 60 jours.

☐ Ce genre de courrier relatif au règlement est très spécifique. Il doit être précis et argumenté afin d'obtenir une réponse favorable du fournisseur. L'argumentation de la demande doit être efficace et le fournisseur doit sentir une certaine « transparence » s'installer dans ses relations avec le client. Il faudra donc évoquer :

– le sérieux de la gestion et la rigueur dans le respect des échéances ;

– l'intérêt commercial du fournisseur à conserver ce client et accueillir favorablement sa demande en évoquant le volume des achats passés et futurs et éventuellement des programmes de promotions annuelles (foires périodiques de votre ville ; « anniversaire ») et chiffre d'affaires correspondant ;

– la disponibilité du client pour communiquer au fournisseur tout renseignement bancaire lui permettant une décision.

☐ S'il s'agit d'un démarrage de relations avec un nouveau fournisseur, il est maladroit de faire cette demande par écrit sans un entretien, au moins téléphonique, préalable.

Cadre juridique

Que l'on soit démarché par un représentant ou que l'on prenne l'initiative du contact, les délais de paiement se négocient toujours avant d'être confirmés par courrier.

En outre, la négociation doit être menée avec le « patron » si le fournisseur est une PME, avec le directeur commercial si c'est une entreprise solidement structurée. Le représentant du fournisseur n'est qu'un intermédiaire qui peut néanmoins appuyer les arguments du client pour l'aider à enlever la décision.

Plan de la lettre

1. Évocation de la situation commerciale actuelle entre le client et le fournisseur ou rappel de négociations téléphoniques
2. Confirmation de la demande d'ouverture de compte avec autorisation de délais de paiement
3. Argumentation pouvant influencer la décision du fournisseur
4. Proposition de communication de renseignements bancaires

EXEMPLES DE LETTRES

Demande d'ouverture de compte chez un fournisseur

Messieurs,

Nous vous passons chaque mois des commandes fréquentes, chacune souvent pour des montants minimes.

En conséquence, nous vous serions très obligés de bien vouloir nous indiquer s'il ne serait pas possible d'effectuer un relevé de facture à fin de mois, que nous vous réglerions à ordre à 30 jours.

Cela nous permettrait, réciproquement, de diminuer les frais administratifs et d'alléger la gestion de nos comptes.

Nous nous tenons à votre disposition pour vous communiquer tous renseignements bancaires nous concernant.

Nous espérons une réponse favorable de votre part et vous prions d'agréer, Messieurs, nos salutations distinguées.

Confirmation d'un accord de crédit

Monsieur le Directeur commercial,

Nous avons l'honneur de faire suite à l'entretien que vous avez bien voulu nous accorder ce jour, et dont nous vous remercions. Nous avons pris acte de votre accord sur les points suivants :

– ouverture d'un compte au nom de notre société, dans vos livres ;
– autorisation à notre société de payer, le 10 de chaque mois, les marchandises reçues plus de 60 jours avant la fin du mois précédent.

Nous avons bien noté que notre société devrait payer dès leur enlèvement, les achats d'un montant inférieur à ... F.

Nous vous remercions de votre collaboration et vous prions d'agréer, Monsieur le Directeur commercial, l'expression de nos sentiments les meilleurs.

Demande de délai de paiement

Lorsque vous n'allez pas pouvoir tenir vos engagements de règlement auprès de votre fournisseur, vous devez l'en informer le plus tôt possible sans attendre la réclamation de ce dernier.

Objet de la lettre

Le débiteur qui a des difficultés de paiement se trouve dans une situation gênante et la démarche qu'il entreprend auprès de son créancier est délicate. Le but est d'obtenir un délai de paiement supplémentaire et l'attitude à tenir est celle de la franchise. On expose les faits simplement en donnant les raisons qui conduisent à cette demande : défaillance d'un client important ou mévente due à la conjoncture, ou aux difficultés rencontrées dans la profession.

Il serait maladroit d'invoquer des raisons pouvant donner une mauvaise image de l'entreprise :

- grève du personnel ;
- difficultés de recouvrement de sommes dues par le client ;
- ralentissement de l'activité en raison de la concurrence d'un autre fabriquant.

Lorsque l'on donne des raisons liées à des événements exceptionnels (incendie, inondation), ces faits doivent être contrôlables.

Après avoir donné l'origine des difficultés, on propose une solution au créancier : report d'échéance dans la majorité des cas ou paiement échelonné. Cette proposition doit être réfléchie et a pour objet de prouver la bonne volonté du débiteur. Il faut faire attention de ne pas s'engager dans des propositions irréalisables. Pour renforcer la crédibilité de la proposition, on peut, le cas échéant, faire allusion à la ponctualité des règlements précédents.

Plan de la lettre

1. Rappeler les engagements financiers pris lors de la commande et exprimer des regrets de ne pouvoir assurer le règlement prévu
2. Donner une explication de l'origine des difficultés
3. Demander une prorogation d'échéance exceptionnelle
4. Espérer l'accord du fournisseur et exprimer des remerciements anticipés.

Expressions à utiliser

« Nous vous serions reconnaissants de bien vouloir proroger l'échéance de ... » ; « Nous nous permettons de solliciter un report de paiement ... » ; « Nous vous prions de nous accorder un délai de paiement pour ... ».

Lexique

Prorogation d'échéance : report d'échéance.

Effet de commerce : instrument de crédit par lequel le fournisseur accorde un délai de paiement à son client.

Traite : appelée également lettre de change, la traite est un effet de commerce par lequel une personne, le tireur (le client), donne à une autre personne, le tiré (la banque), l'ordre de payer à une date déterminée, l'échéance, une certaine somme au profit d'une troisième personne, le bénéficiaire (le fournisseur)

EXEMPLES DE LETTRES

Monsieur le Directeur,

À la fin de ce mois vient à échéance la traite n° .... de .... F en règlement de votre facture n° ....

Nous avons le regret de vous informer qu'en raison de difficultés financières passagères, il ne nous sera pas possible d'honorer cette traite.

C'est pourquoi, nous vous prions de nous accorder exceptionnellement, un report d'échéance de cet effet au ....

Nous espérons que la régularité de nos règlements antérieurs vous permettra de répondre à notre demande et vous en remercions.

Nous vous assurons, Monsieur le Directeur, l'assurance de notre considération distinguée.

Monsieur,

Nous avons bien reçu votre facture N° .... du .... ainsi que votre traite à échéance le ....

En raison d'une panne importante sur l'une des chaînes de fabrication, le niveau de notre production et donc de nos ventes a nettement diminué, ce qui a eu des conséquences immédiates sur notre trésorerie. Nous nous trouvons de ce fait, dans l'impossibilité de faire face à notre échéance.

Nous vous serions très reconnaissants de bien vouloir annuler la lettre de change au .... et d'en créer une nouvelle au ...., tous frais et intérêts de retard à notre charge.

Par avance, nous vous remercions de la bienveillance avec laquelle vous examinerez notre demande.

Veuillez agréer, Monsieur, l'expression de nos sentiments distingués.

Réponse à une demande de délai de paiement

Lorsqu'un client demande une prorogation d'échéance, le fournisseur donnera certainement son accord en fonction de la régularité des paiements antérieurs.

Objet de la lettre

☐ Si le fournisseur décide d'accepter le report d'échéance, il doit le faire sans réticence et ne montrer aucun mépris ni ironie. Cependant il est recommandé de marquer le caractère exceptionnel de l'acceptation afin de ne pas inciter le client à prendre le nouveau délai accordé comme délai habituel.

☐ Bien que cette mesure comporte pour lui des inconvénients (nécessité de créer une nouvelle traite, rentrée de fonds retardée), le fournisseur n'hésite pas à répondre positivement à un bon client.

☐ En revanche, s'il obtient de mauvais renseignements sur son débiteur ou que ce dernier soit coutumier des incidents de règlement, il formule un refus. Ce refus doit être courtois mais ferme et invoquer les propres difficultés du créancier (limites de crédit bancaire atteintes, obligation de faire face à ses propres engagements).

Cadre juridique

Le porteur d'une lettre de change doit la présenter au paiement au plus tard dans les dix jours qui suivent la date d'échéance. En cas de non-paiement de la traite à l'échéance, le bénéficiaire doit faire dresser un protêt pour défaut de paiement par un huissier dans les deux jours ouvrables qui suivent l'échéance. Il pourra alors se retourner contre le client.

Plan de la lettre

☐ Si la réponse est positive :

1. Accuser réception de la demande en précisant la date et l'objet
2. Accorder le délai en précisant le caractère exceptionnel de la chose
3. Aviser le client de la création d'une nouvelle traite en précisant le montant et la nouvelle échéance
4. Espérer que le délai de paiement supplémentaire permettra au client de rétablir la situation

☐ Si la réponse est négative :

1. Accuser réception de la demande en précisant la date et l'objet
2. Formuler le refus en donnant une explication plausible
3. Regretter de ne pouvoir aider le client

Lexique

Échéance à vue : la traite est payable sur présentation.

Échéance à date : la traite est payable à la date indiquée.

Protêt : acte d'huissier constatant le refus de paiement.

EXEMPLES DE LETTRES

Réponse positive

Monsieur,

Nous accusons réception de votre lettre du ...., nous demandant de proroger de .... mois l'échéance de la lettre de change d'un montant de .... F à échéance de ....

En raison des excellentes relations que nous entretenons, il nous est possible, exceptionnellement, de vous donner notre accord.

L'effet n'étant pas encore en circulation, nous pouvons l'annuler. Il vous sera donc présenté une nouvelle traite d'un montant de .... (montant initial + frais) à échéance du ....

Nous sommes heureux d'avoir pu apporter une réponse favorable à votre demande.

Nous vous prions d'agréer, Monsieur, nos salutations distinguées.

Réponse négative

Monsieur,

Nous avons bien reçu votre lettre du ...., nous demandant de reporter au .... la lettre de change n° .... tirée sur vous en règlement de la facture n° ....

Il nous est malheureusement impossible de donner une suite favorable à votre requête car nous sommes obligés de faire face à nos propres engagements.

Nous regrettons de n'avoir pu vous donner satisfaction.

Veuillez agréer, Monsieur, nos salutations dévouées.

Premier rappel de règlement

Certains clients ne règlent pas leurs factures dans les délais prévus par simple oubli ou en raison de difficultés passagères de trésorerie. Le fournisseur procède à un 1er rappel.

Objet de la lettre

☐ Rappeler à un client qu'il doit de l'argent n'est pas une démarche aisée. Le but est de se faire payer mais sans pour cela perdre le client. Dans cette optique, certaines entreprises se contentent, pour une première relance, d'envoyer au client une copie de la facture portant la mention « Rappel ».

☐ On peut toutefois écrire une première lettre de rappel dans laquelle il faut prétexter la vérification des comptes-clients. Il ne faut pas perdre de vue que le client doit être considéré comme bon payeur tant qu'on n'a pas la preuve de sa mauvaise foi. Le ton doit être courtois. On constate juste le fait que le règlement n'a pas encore été effectué sans souligner le retard. On ne fixe aucun délai impératif et on joint une copie de la facture dans l'hypothèse où le client n'aurait pas reçu l'original.

☐ En revanche, si l'on a affaire à un client dont l'habitude est de payer en retard, cette première lettre de relance peut être plus impérative et exiger un paiement par retour du courrier.

Plan de la lettre

1. Suite à une vérification, constater l'absence d'un règlement
2. Supposer qu'il s'agit d'un oubli
3. Demander de ne pas tenir compte de la requête si le paiement a été effectué entre-temps
4. Remercier par avance du règlement

Outils de rédaction

Les rappels de règlement revêtent souvent la forme de lettres-types ou de formulaires imprimés qui accentuent le caractère impersonnel du rappel et lui donne un aspect administratif. Il est préférable que le rappel ne porte pas la signature du chef d'entreprise, mais un simple cachet commercial.

Le ton utilisé varie suivant le type de client avec lequel on est en relations d'affaires : on ne s'exprime pas de la même façon avec un client mauvais payeur habituel et avec un client qui, en toute bonne foi, a laissé passer une date de règlement. On peut employer la forme passive qui permet d'atténuer certaines affirmations.

Exemples :

« En procédant à la vérification de nos comptes, nous constatons que ... »

« Notre service comptable nous informe que votre compte reste débiteur d'une somme de ... »

On termine la lettre par une formule de politesse très aimable.

EXEMPLES DE LETTRES

Première lettre de rappel

Messieurs,

Sauf erreur ou omission de notre part, la mise à jour de nos comptes fait apparaître un règlement qui n'aurait pas été effectué : facture n° .... du .... d'un montant de .... F dont nous vous joignons la photocopie.

Nous sommes persuadés qu'il s'agit d'un oubli de votre part et que nous ne tarderons pas à enregistrer votre règlement.

Si, entre-temps, le paiement avait été effectué, nous vous demandons de considérer notre démarche comme nulle et non avenue.

Nous vous remercions et vous prions d'agréer, Messieurs, nos salutations distinguées.

Le Chef comptable,

Première lettre de rappel au client habitué à payer avec retard

Messieurs,

Nous vous rappelons que votre compte reste débiteur dans nos livres pour la somme de : .... F. se décomposant comme suit :
Notre facture n° ....
payable par .... au ....

Nous n'avons pas reçu ce règlement et, l'échéance étant dépassée, nous vous demandons, pour la bonne règle de nos écritures, de nous l'adresser par prochain courrier.

Dans le cas où celui-ci nous aurait été adressé entre-temps, nous vous prions de considérer la présente comme nulle.

Veuillez agréer, Messieurs, nos salutations distinguées.

Le Chef comptable,

Deuxième rappel de règlement

Une seule lettre de rappel n'est pas toujours suffisante pour obtenir le règlement de la part du client. Il faut donc prévoir une deuxième lettre plus pressante, qui tient compte de la première.

Objet de la lettre

Lors d'un deuxième rappel de réglement, l'entreprise est encore dans une phase de procédure amiable et le but est d'obtenir une réponse du client. Le fournisseur insiste sur le fait qu'il a déjà envoyé un courrier de rappel (environ 30 jours avant) et exprime sa surprise de ne pas avoir été réglé ainsi que son doute quant à la bonne foi du client. Le montant et l'échéance de la dette sont de nouveau évoqués et le règlement est demandé de façon impérative. La notion de délai de paiement apparaît sans que celui-ci soit réellement déterminé.
Toujours dans le cadre de la procédure amiable, le fournisseur peut proposer un étalement de la créance. La formule de politesse toujours aimable marque cependant une certaine froideur.

Cadre juridique

Cette lettre peut marquer la fin de la procédure amiable et s'accompagner de la menace de confier le dossier au service contentieux.

Plan de la lettre

1. Rappel de la première lettre de relance avec références de la facture impayée par le client
2. Constatation de l'absence de règlement avec une éventuelle proposition de paiement échelonné
3. Demande de règlement au plus tôt avec éventuellement une menace de transmission du dossier au service contentieux

Lexique

Procédure amiable : différentes phases de négociation tentant de concilier les intérêts de chacun.

Procédure judiciaire : faisant suite à la procédure amiable, cette procédure fait intervenir les autorités judiciaires.
Service contentieux : service dans une entreprise qui s'occupe de régler les litiges pouvant survenir avec les clients ou les fournisseurs.

Messieurs,

Par notre lettre du ...., nous vous rappelions notre facture citée en objet, d'un montant de ...., restée impayée.

Nous sommes surpris de n'avoir toujours pas enregistré votre règlement et vous invitons à régulariser votre situation dans les meilleurs délais, par tout moyen à votre convenance.

Veuillez agréer, Messieurs, nos salutations distinguées.

Le Chef comptable,

Messieurs,

Nous constatons avec regret que notre relance du .... relative au non-paiement de la facture citée en objet est restée sans effet.

Si votre situation actuelle ne vous permet pas de faire face à la totalité de votre créance, nous pourrions convenir d'un versement mensuel et ponctuel suivant un calendrier que nous établirions ensemble.

Nous tenons à vous signaler que nous ne renouvellerons pas cette proposition d'arrangement amiable. En cas de refus de votre part, nous attendons le règlement de votre créance par retour du courrier, faute de quoi nous serons contraints de transmettre votre dossier à notre service contentieux.

Veuillez agréer, Messieurs, nos salutations distinguées.

Le Chef comptable,

Procédure de mise en demeure

La « mise en demeure » est l'ultime démarche de la procédure amiable mais également la première étape indispensable de la procédure judiciaire. C'est le « dernier avertissement » du créancier.

Objet de la lettre

□ Cette dernière lettre exige le paiement immédiat, en termes catégoriques, et elle informe le débiteur de l'intention du créancier de recourir aux moyens légaux. C'est une phase indispensable à la mise en place du dossier juridique puisqu'elle fait courir les intérêts moratoires (ou pénalités) et permet de faire la preuve du refus du débiteur.

□ La mise en demeure est envoyée une quinzaine de jours après la dernière lettre de relance. Le ton est impératif car il s'agit là d'un ultimatum, mais on ne doit en aucun cas être agressif. Une échéance précise est fixée et la formule de politesse est sèche. La lettre est à rédiger sur papier à en-tête comportant le nom de la société avec l'adresse. Elle doit être recommandée avec accusé de réception et indiquer clairement qu'elle vaut mise en demeure.

Cadre juridique

□ La mise en demeure a des effets juridiques très importants. En effet, si des intérêts conventionnels n'ont pas été prévus dans les conditions générales de vente en cas de retard de paiement, la mise en demeure les rend obligatoires au taux légal. Ils sont dus à partir de la date de cette mise en demeure. D'autre part, si la procédure judiciaire doit continuer, le greffe du tribunal demande qu'un double de la mise en demeure soit joint au dossier.

□ La mise en demeure prend la forme d'une lettre recommandée avec accusé de réception et doit être suffisamment claire pour que le débiteur sache qu'il s'agit bien d'une mise en demeure. Afin d'éviter toute équivoque, il est conseillé d'écrire sur la lettre les mots « mise en demeure ». Elle doit être chiffrée, c'est-à-dire indiquer précisément les sommes qui sont réclamées.

Plan de la lettre

1. Rappeler l'objet de la mise en demeure (bien préciser le montant exact de la somme due)
2. Annoncer la mise en demeure de payer en précisant les délais impératifs de paiement
3. Informer qu'à défaut de paiement dans les délais, une procédure judiciaire sera engagée

---

Lexique

Mise en recouvrement : récupération d'une somme dont le règlement était en instance.

Mise en demeure : sommation, ordre impératif, dernière étape de la procédure amiable.

EXEMPLES DE LETTRES

Lettre recommandée avec A.R.

Monsieur,

Nous vous rappelons que vous restez nous devoir la somme de .... représentée par les factures n° .... des ....

Nous constatons que nos rappels des .... et .... n'ont pas eu d'effet.

En conséquence, nous nous voyons dans l'obligation par la présente lettre recommandée avec accusé de réception de vous METTRE EN DEMEURE d'avoir à nous régler la somme susvisée, les intérêts moratoires et la clause pénale, soit au total la somme de .... F, dans un délai de 8 jours à compter de ce jour.

À défaut, nous agirons par la voie judiciaire.

Veuillez agréer, Monsieur, nos salutations distinguées.

Le Chef du Service contentieux

Lettre recommandée avec A.R.

Messieurs,

Par nos lettres du .... et du ...., nous vous demandions le règlement de notre facture n° .... du ...., d'un montant de .... F.

Votre situation comptable n'ayant pas évolué à ce jour, nous vous METTONS EN DEMEURE de nous régler cette somme sous 48 heures.

Nous vous informons que, à défaut de régularisation immédiate, nous engagerons à votre encontre la procédure judiciaire correspondante.

Agréez, Messieurs, nos salutations.

Le Chef du Service contentieux

Requête en injonction de payer

En cas de non-réponse à la mise en demeure, on peut mettre en place une procédure simple et peu onéreuse : l'injonction de payer.

Objet de la lettre

☐ L'injonction de payer est un ordre donné par le tribunal au débiteur de régler les sommes qu'il doit à son créancier. Cette procédure peut être utilisée pour recouvrer quel qu'en soit le montant toute créance trouvant son origine dans un contrat, toute créance résultant d'une obligation statutaire (par exemple les cotisations dues à une caisse de retraite).

☐ La demande doit être faite sur papier libre, c'est-à-dire non timbrée, appelée requête. Celle-ci doit être adressée au greffe du tribunal de commerce du domicile du débiteur (ou de son siège social) et n'est acceptée que si auparavant le créancier a bien envoyé une mise en demeure à son débiteur. En cas d'absence de tribunal de commerce, il faut s'adresser au tribunal de grande instance qui en fait fonction.

☐ La requête doit obligatoirement comporter la dénomination, la forme et l'adresse de la société créancière, ainsi que le nom de son représentant légal. Les mêmes renseignements doivent être donnés sur le débiteur. La demande doit comporter l'indication précise de la somme réclamée avec le décompte des différents éléments de la créance : montant de la facture impayée par exemple. Il est indispensable d'y joindre des pièces justificatives : la ou les factures certifiée(s) sincère(s) et conformes(s) aux écritures comptables, datée(s) et signée(s) par le créancier accompagnée(s) si possible du bon de commande correspondant et du bon de livraison ; un relevé détaillé, certifié sincère et conforme aux écritures comptables, daté et signé par le créancier ; la lettre de mise en demeure adressée au débiteur.

Ces pièces peuvent être des photocopies, mais elles doivent à ce moment là être revêtues de la formule « certifié(e) conforme à l'original » et porter le cachet de l'entreprise et la signature du créancier.

Cadre juridique

☐ L'article 1244 du Code civil permet à tout juge d'accorder des délais de paiement au débiteur si sa situation économique le justifie. Mais ces délais ne peuvent excéder deux ans. Cependant, en matière d'effet de commerce (lettre de change, billet à ordre), le juge ne peut pas accorder de délai de paiement.

☐ L'injonction de payer constitue un titre exécutoire et a la même valeur qu'un jugement définitif. Le créancier qui a obtenu une ordonnance d'injonction de payer contre son débiteur peut utiliser tous les moyens légaux pour se faire payer si le débiteur n'obéit pas spontanément à l'injonction de payer.

EXEMPLE DE LETTRE

Lettre d'envoi de requête en injonction de payer au tribunal

Monsieur le Greffier en chef
Tribunal de commerce
Palais de justice

Lettre recommandée

Réf. : Nom du créancier/
Nom du débiteur

Objet : Requête d'Injonction de payer

Date du jour

Maître,

Nous vous adressons ci-joint une requête en injonction de payer, nos pièces justificatives et un chèque de .... F à votre ordre à titre de provision sur frais.

Nous vous serions très obligés de présenter votre requête à Monsieur le Président du Tribunal.

Veuillez agréer, Maître, nos salutations distinguées.

Signature du créancier

P.J. : lettre de mise en demeure
photocopie de la (ou des) facture(s)
photocopie du bon de commande (si possible)
1 chèque de provision sur frais

Injonction de payer

Lorsque le créancier adresse une requête d'injonction de payer au tribunal de commerce, il doit attendre la décision qui va être prise par des juges et rendue au nom du président sous forme d'une ordonnance. Suivant la décision de la justice, il devra poursuivre la procédure.

Cadre juridique

La requête peut être rejetée purement et simplement, ajournée ou acceptée.

☐ Si la requête est rejetée, le greffier du tribunal de commerce envoie une lettre au créancier, notifiant le rejet du juge et demande une enveloppe timbrée pour retournée les pièces produites lors de la requête. Il reste alors la possibilité d'assigner le débiteur en paiement suivant une procédure normale par assignation devant le tribunal compétent. Si la requête en injonction de payer est à nouveau rejetée, il n'y a plus aucun recours.

☐ Si la requête est ajournée en raison d'une petite irrégularité de forme : pièces incomplètes par exemple, le greffier demande alors au créancier de compléter son dossier dans le délai qui lui est imparti.

☐ Si la requête est acceptée, le juge rend une ordonnance portant injonction de payer la somme qu'il a retenue et adresse copie de cette ordonnance certifiée conforme par le greffier au créancier.

Objet de la lettre

☐ Le créancier a six mois pour faire signifier l'ordonnance d'injonction de payer au débiteur. La signification doit être faite par un acte d'huissier de justice.

☐ Pour cela, il faut s'adresser à un huissier ayant son étude à proximité du domicile du débiteur. Il faut lui envoyer une lettre avec une copie certifiée conforme à l'ordonnance d'injonction de payer, ainsi qu'un chèque pour ses frais en lui demandant d'appliquer l'ordonnance du tribunal.

☐ Après s'être présenté chez le débiteur, l'huissier retourne l'ordonnance d'injonction de payer au débiteur, accompagnée de son acte de signification qu'il faut évidemment conserver soigneusement. Il faut insister auprès de l'huissier pour qu'il fasse une signification à personne.

Lexique

Assignation : terme juridique qui signifie « convocation ». Cet acte est destiné à informer une personne qu'un procès est engagé contre elle devant un tribunal.

Assignation à personne : cette assignation est remise en mains propres par un huissier de justice à la personne concernée.

Ressort : étendue de la compétence d'un tribunal.

Saisie : mode d'exécution forcée par lequel le créancier fait mettre sous la main de la justice les biens de son débiteur.

Voies d'exécution : procédures permettant l'exécution forcée sur les biens du débiteur (exemple : la saisie).

Signification : notification faite par un huissier de justice.

DEMANDE D'INTERVENTION D'UN HUISSIER

Maître Y
Huissier de
Justice

Lettre recommandée

Réf. : nom du créancier/
nom du débiteur

Objet : Demande de signification
d'ordonnance

Date du jour

Maître,

Nous vous adressons une copie conforme d'une ordonnance d'injonction de payer que nous vous serions obligés de signifier à Monsieur X, demeurant ......

Afin d'accélérer la procédure nous vous demandons de bien vouloir appliquer une assignation à personne.

Veuillez nous faire parvenir avec votre acte de signification votre note de frais.

Veuillez agréer, Maître, nos salutations distinguées.

P.J. : copie conforme d'une ordonnance
d'injonction de payer

Réclamation pour erreur de facturation

Lors de la réception d'une facture, celle-ci doit toujours être attentivement contrôlée. Lorsque le client constate une anomalie, il est amené à faire une réclamation auprès du fournisseur.

Objet de la lettre

☐ Toute facture reçue doit être vérifiée. Il faut d'abord s'assurer :
– que les marchandises facturées correspondent aux marchandises commandées et reçues ; que les prix unitaires sont exacts ; que le taux de TVA convient ; que les conditions de vente sont les conditions habituelles ou convenues.
Il faut ensuite procéder à la vérification des calculs.
Ces vérifications s'opèrent à partir des documents qui sont en possession du client : double du bon de commande, bon de livraison, fiche du fournisseur et tarif.
☐ Lorsqu'une erreur est détectée, une réclamation doit être adressée au fournisseur, en retournant la facture erronée et en demandant l'établissement d'une nouvelle facture. Cependant, la demande varie suivant l'erreur détectée à la vérification. Si les éléments du calcul (prix/quantité) sont erronés ou s'il y a une erreur de calcul, le client demande l'annulation de la facture erronée (le client renvoie la facture) et l'envoi d'une nouvelle facture. Si le fournisseur a omis une réduction promise, le client demande l'envoi d'une facture d'avoir.

Plan

1. Accuser réception de la facture en précisant la date et le numéro
2. Énoncer l'erreur constatée
3. Annoncer le retour de la facture et demander l'établissement d'une nouvelle facture ou d'une facture d'avoir

Conseils de rédaction

☐ Dans la première lettre de réclamation, le ton est aimable. Par contre, si le fournisseur ne réagit pas à cette première lettre, le ton d'une deuxième lettre de réclamation sera plus sec, tout en restant calme et poli.
☐ Expressions à utiliser : Dans une lettre de réclamation, les expressions fermes et affirmatives, telles que « Nous constatons une erreur de facturation » sont préférables aux formules hésitantes telles que : « Il semble qu'il y ait un problème » ou aux formules agressives comme « Nous sommes très mécontents », « Vous vous êtes trompé » qui interdisent le dialogue et la résolution du problème.

Lexique

Facture de doit : document qui représente la dette d'un client envers le fournisseur
Facture d'avoir : document comptable établi par le fournisseur en cas d'erreur dans la facture de doit et qui représente la dette du fournisseur envers le client
Relevé de facture : document qui récapitule l'ensemble des factures de doit et d'avoir envoyées au client pendant une période donnée (en général un mois).

EXEMPLES DE LETTRES

Messieurs,

Nous accusons réception de votre facture n° .... du ....

Lors de sa vérification, nous avons décelé l'erreur suivante :

– les quantités facturées ne sont pas celles qui ont été livrées, à savoir :

....

....

– les prix unitaires ne sont pas ceux qui ont été convenus lors de la commande, à savoir :

....

....

En conséquence, vous trouverez ci-joint le document et nous vous demandons d'établir une nouvelle facture.

Veuillez agréer, Messieurs, nos salutations distinguées.

Monsieur,

Votre facture n° .... du .... nous est bien parvenue.

Après vérification, nous constatons que celle-ci a été établie d'après les conditions générales de vente alors que des conditions spéciales nous avaient été accordées, pour cette affaire, par votre représentant Monsieur Lambert.

Nous vous demandons donc de bien vouloir nous adresser une facture d'avoir tenant compte de la remise de 10 % prévue à la commande.

Nous vous en remercions et vous prions d'agréer, Monsieur, nos salutations distinguées.

Réponse à la réclamation pour erreur de facturation

Que la réclamation du client soit justifiée ou non, il faut toujours répondre à ce type de courrier. Afin de maintenir de bonnes relations et préserver la bonne image de marque de l'entreprise.

Réclamation justifiée

☐ Objet de la lettre
Comme toute réponse à une lettre de réclamation justifiée, le but est de présenter des excuses au client et d'essayer de réparer son erreur.
☐ Toute réclamation doit recevoir une réponse immédiate.
Le fournisseur doit reconnaître son erreur, s'excuser, mais sans insister.

Plan de la réponse à une réclamation justifiée

1. Accuser réception de la lettre du … relative à la facture n° … du …
2. Reconnaître l'erreur
3. Présenter des excuses et annoncer l'envoi d'une facture rectificative annulant et remplaçant la précédente ou d'une facture d'avoir

Réclamation injustifiée

☐ Objet de la lettre
Si après contrôle des faits exposés par le client, il s'avère que l'entreprise n'a pas commis d'erreur, le courrier est l'occasion de repréciser avec clarté le contenu des conditions de vente mal interprété par le correspondant. Il faut user de diplomatie pour faire comprendre au correspondant que sa réclamation n'est pas justifiée.
☐ L'argumentation doit être claire et logique et s'appuyer si possible sur des écrits établis antérieurement.

Plan de la réponse à une réclamation injustifiée

1. Accuser réception de la lettre de réclamation
2. Rappeler les accords passés et confirmer leur application
3. Demander le règlement de la facture
4. Se mettre à la disposition du client et souhaiter continuer de bonnes relations commerciales.

Conseils de rédaction

Dans les deux cas, le vocabulaire doit être simple et sans aucune marque d'agressivité.

EXEMPLES DE LETTRES

Réponse à une réclamation justifiée

Monsieur,

À l'issue de votre courrier du .... et après vérification, il ressort que nous vous avons malencontreusement imputé une tarification erronée.

Nous vous transmettons ci-joint une facture d'avoir et vous remercions par avance de ne pas nous tenir rigueur de cette erreur.

Nous restons à votre disposition et vous prions d'agréer, Monsieur, nos salutations distinguées.

Réponse à une réclamation non justifiée

Monsieur,

Nous avons pris connaissance de votre courrier du .... faisant référence à un accord intervenu entre vous-même et M. ...... le ...., accord sur la remise applicable aux articles commandés le ....

Vous contestez aujourd'hui le bien fondé de notre facturation. Aussi, et afin d'éviter tout malentendu, nous vous rappelons que nous vous avons confirmé par écrit en date du .... la remise qui vous a été octroyée par nos services commerciaux.

Cette remise a bien été appliquée sur le montant de votre dernière facture, aussi nous vous saurions gré de bien vouloir honorer le montant de cette dernière dont nous vous joignons ici un autre exemplaire.

Nous restons à votre disposition pour tout renseignement utile et souhaitant poursuivre nos relations commerciales dans de bonnes conditions. Nous vous prions de croire, Monsieur, en nos salutations distinguées.

Relations avec l'expert-comptable

La plupart des sociétés travaillent avec un expert-comptable. Ce dernier peut tenir la comptabilité dans sa totalité ou ne faire que des travaux plus sophistiqués. Il peut également tenir un rôle de conseiller.

Objet des lettres

☐ Lorsque l'entreprise a choisi son expert-comptable, elle a tout intérêt à se mettre d'accord au préalable avec lui sur le contenu de sa mission et sur le montant de sa rémunération et à le concrétiser par la signature d'une lettre de mission qui en spécifie toutes les caractéristiques.

☐ L'entreprise sera parfois amenée à faire jouer à l'expert-comptable le rôle de conseiller soit pour lui demander son avis sur un imprimé fiscal à compléter, soit au niveau d'une demande d'assistance lors d'un contrôle fiscal.

☐ Si l'entreprise est amenée à se séparer de son expert-comptable, elle devra lui adresser un courrier dénonçant sa mission.

L'échange de lettres doit être courtois et, en cas de litige persistant, le Conseil régional de l'ordre des experts-comptables est compétent pour régler le différend.

Cadre juridique

Des conditions générales d'exécution des missions, d'établissement des comptes annuels existent.

☐ Le client s'interdit tout acte pouvant porter atteinte à l'indépendance des membres de l'Ordre ou de leurs collaborateurs.

☐ Le client s'engage à mettre à la disposition du membre de l'Ordre, dans les délais convenus, l'ensemble des documents et informations nécessaires à l'exécution de la mission et notamment le relevé établi à l'issue de l'inventaire physique annuel valorisé des stocks et travaux en cours, et à porter à sa connaissance les faits importants ou exceptionnels. Il signale également au membre de l'Ordre les engagements susceptibles d'effectuer les résultats ou la situation patrimoniale de l'entreprise ; il justifie notamment les décisions prises en matière d'amortissement et de provisions.

☐ Dans le cas de traitement informatique de la comptabilité hors de l'entreprise, le choix d'un centre de traitement par le client doit être effectué en accord avec le membre de l'Ordre.

☐ Conformément à la législation en vigueur, le client doit prendre les mesures nécessaires pour conserver les pièces justificatives et, d'une façon générale, l'ensemble de la comptabilité pendant un délai minimal de dix ans.

☐ Responsabilité : le membre de l'Ordre ne peut être tenu pour responsable ni des conséquences dommageables de fautes commises par des tiers intervenant chez le client, ni des retards d'exécution lorsque ceux-ci résultent d'une communication tardive des documents par le client.

EXEMPLES DE LETTRES

Envoi pour avis d'un imprimé fiscal

Nous vous demandons de bien vouloir trouver ci-joint photocopie de l'avis d'imposition, dûment rempli, concernant l'impôt sur les sociétés.

Nous vous remercions par avance des remarques que vous voudrez bien nous faire à son sujet, avant que nous ne le retournions aux impôts.

Dans l'attente de votre réponse, nous vous prions de croire, Monsieur, à l'assurance de nos sentiments les meilleurs.

Demande d'assistance lors d'un contrôle fiscal

Nous recevons ce jour une notification du fisc, nous faisant savoir qu'il effectuera un contrôle fiscal dans notre société à compter du .... prochain.

Nous vous serions reconnaissants de bien vouloir nous assister lors de ce contrôle.

Dans l'espoir d'une réponse affirmative de votre part, nous vous prions de croire, Monsieur, à l'assurance de nos sentiments les meilleurs.

Lettre de dénonciation de mission

Lettre recommandée avec A.R.

Depuis quelque temps, nous avons constaté que le travail fourni par votre cabinet ne correspond plus à nos besoins.

En conséquence, après avoir terminé les déclarations fiscales du mois de ...., vous voudrez bien considérer votre mission comme terminée.

En vous remerciant de nous faire parvenir votre dernière note d'honoraires, après paiement de laquelle, votre confrère, conformément aux règles déontologiques, prendra l'attache de votre cabinet pour reprendre l'ensemble des documents et déclarations nous appartenant.

Avec nos regrets, recevez, Monsieur, nos salutations distinguées.

Relations avec les banques

L'entrepreneur entretient avec son banquier des relations cordiales et sincères par des entretiens téléphoniques réguliers. Mais parfois, certaines opérations exigent des demandes écrites.

Objet de la lettre

☐ Les relations écrites avec les banques comprennent principalement les lettres de demande d'information (conditions d'un service) et de demande d'exécution d'une opération (exécution d'un ordre de virement, achat ou vente de valeurs mobilières...). Ces deux types de lettres sont simples : les écrire consiste essentiellement à préciser avec soin l'objet de la demande et à en définir les limites. Cette rédaction est souvent simplifiée par l'utilisation d'imprimés spéciaux que les banques tiennent à la disposition de leur clientèle.
☐ Lorsqu'il s'agit d'opérations plus complexes, des contrats types facilitent l'établissement de l'accord.
☐ La rédaction devient plus délicate lorsqu'il s'agit d'une demande de crédit, en particulier une demande de découvert. En effet il s'agit ici d'une tolérance de la part du banquier de laisser le compte de l'entreprise être débiteur dans certaines limites et pour un certain temps. Avant tout courrier, il est indispensable de solliciter un entretien par téléphone avec la personne qui suit habituellement le dossier de l'entreprise. Au cours de cet entretien, il faut exposer les raisons précises du besoin de découvert et proposer d'apporter toute justification dans les plus brefs délais. À la suite de l'entretien et pour éviter tout malentendu, il faut confirmer cette demande par écrit. Les banquiers n'aimant pas particulièrement les écrits dans ce domaine, il ne faut surtout pas envoyer ce courrier en recommandé avec accusé de réception mais utiliser une lettre simple.
☐ Chaque fois que vous avez une demande à adresser à votre banquier, communiquez lui tous les documents comptables susceptibles de le mettre en confiance (bilan, dernière situation comptable...).

Cadre juridique

Le banquier peut à tout moment suspendre son concours en matière de découvert car celui-ci n'est pas lié par un écrit. En cas de contestation, le juge devra rechercher si l'on est en présence d'un découvert ou d'une véritable ouverture de crédit résultant d'un engagement formel de la banque.

Plan de la lettre

1. Rappeler la conversation téléphonique et confirmer la demande d'autorisation de découvert
2. Exposer les raisons de la demande
3. Remercier par avance de l'intérêt porté à la demande

EXEMPLES DE LETTRES

Demande de virement automatique

Madame – Monsieur – Société.......
Adresse : ....
Domiciliation bancaire : ....
– adresse de l'Agence : ....
– n° de compte : ....

Veuillez débiter notre compte mensuellement/trimestriellement de la somme de .... F ;

Par versement à chacune des échéances suivantes :
–
–

Au crédit du compte de M. ..... ou de la Société.......
– Adresse : ....
– Domiciliation bancaire : ....
– adresse de l'Agence : ......
– n° de compte : ....

Fait à ....
Le ....

Signature du donneur d'ordre

Demande d'autorisation de découvert

Monsieur le Directeur,

À la suite de la conversation téléphonique que nous avons eue le ...., nous vous confirmons que notre entreprise sollicite le concours de votre établissement sous forme d'une autorisation de découvert pour un montant de .... F.

En effet, (raisons de la demande). Nous nous tenons à votre entière disposition pour vous apporter toute justification qui vous semblerait nécessaire.

Nous vous remercions de l'intérêt que vous voudrez bien porter à notre demande et vous prions d'agréer, Monsieur le Directeur, nos salutations distinguées.

Lettre relative au crédit documentaire

Le crédit documentaire est utilisé lors de transactions commerciales internationales entre un importateur et un exportateur et fait l'objet de courrier entre l'entreprise et sa banque.

Objet de la lettre

L'entreprise importatrice demande à sa banque l'ouverture d'un crédit en faveur de son fournisseur étranger. En effet, le crédit documentaire constitue une garantie de paiement à l'exportateur (ou fournisseur) avant expédition de marchandises.

Cadre juridique

☐ L'opération de crédit documentaire consiste en un engagement écrit pris par une banque d'effectuer un paiement jusqu'à concurrence d'un montant précisé et dans un délai fixé par l'acheteur. La banque exige également certains documents justificatifs, tels que : description des marchandises, prix, conditions de vente, etc. La banque émet ce crédit en faveur du vendeur (le bénéficiaire du crédit), à la demande de l'acheteur.

☐ Les différentes étapes de cette opération sont au nombre de sept.

1. L'importateur demande à son banquier d'ouvrir un crédit documentaire en faveur du vendeur (l'exportateur). Il donne toutes précisions quant aux particularités du crédit qu'il veut accorder à son fournisseur étranger.
2. La banque de l'acheteur (ou importateur) ouvre ce crédit et en signale l'ouverture à une autre banque (la banque notificatrice) située dans le pays du vendeur.
3. La banque du vendeur informe ce dernier de l'ouverture du crédit.
4. L'exportateur exécute la commande et procède à l'expédition des marchandises. Il remet à la banque qui l'a informé de l'ouverture de son crédit (banque notificatrice) tous les documents dont la liste a été fixée dans les clauses du crédit (factures, certificats, police d'assurance, etc.).
5. La banque notificatrice le paie tout de suite ou à une date pré déterminée, après vérification des documents que lui a remis l'exportateur.
6. La banque notificatrice envoie à la banque de l'acheteur les documents qui lui ont été remis par l'exportateur.
7. L'importateur reçoit les documents et prend livraison des marchandises.

Plan de la lettre

1. Situer le problème : conclusion d'un marché avec une entreprise étrangère
2. Formuler une demande de crédit documentaire en indiquant le nom du bénéficiaire du crédit, son montant et le délai
3. Indiquer les documents joints à cette demande

DEMANDE DE CRÉDIT DOCUMENTAIRE

BANQUE X......
Adresse

Objet :
Demande de crédit documentaire
P.J. :

Lieu,
le ....

Messieurs,

Notre société vient de conclure un marché très important avec la société X........ Cette société est située à ...... (Pays étranger)

Nous vous demandons de bien vouloir nous accorder l'ouverture d'un crédit documentaire au bénéfice de la société exportatrice (*raison sociale, siège social, domiciliation bancaire, n° de compte*).

Ce crédit documentaire serait d'un montant de .... Francs correspondant au règlement de la marchandise qui nous sera acheminée par (*modalités de transport*) en date du (*date de livraison*).

Vous trouverez ci-joint tous les documents justificatifs nécessaires à l'établissement de ce crédit.

Dans l'attente d'une réponse favorable, nous vous prions d'accepter, Messieurs, l'assurance de nos sentiments distingués.

Le Directeur,

Relations avec les administrations

Le règlement de certains problèmes peut amener l'entreprise à rédiger des courriers qui seront plus adaptés que les imprimés au traitement de ces cas particuliers.

Objet de la lettre

Les principales raisons pour lesquelles une entreprise peut être amenée à écrire une lettre à une administration sont les suivantes : demandes d'information sur un point de la réglementation relative aux obligations de l'entreprise, demandes d'exécution d'une prestation, réponses à des demandes de justification, mais aussi réclamations et requêtes diverses telles que les demandes de dérogation. Pour cela, l'entreprise va devoir s'adresser soit aux services centraux de l'Administration concernée ou plus généralement aux services régionaux ou locaux.
Si l'on veut que la demande soit traitée avec un maximum d'efficacité, on se limitera à un seul sujet par lettre. On s'efforcera de traiter le sujet avec beaucoup de précision et de clarté sans omettre de préciser l'identification de l'expéditeur. Dans le cas d'une réponse à une administration, on doit rappeler les références figurant sur les lettres auxquelles on répond.

Plan de la lettre

1. Exposer les faits
2. Développer une argumentation en insistant sur l'origine des faits et les conséquences qu'ils entraînent
3. Faire part de la décision attendue et présenter des remerciements anticipés

Conseils de rédaction

☐ L'argumentation doit être objective et se référer aux textes de lois en rapport avec son objet. Il est indispensable qu'elle use du vocabulaire approprié afin d'éviter tout malentendu. Le ton est objectif, neutre, le but de la lettre étant le plus souvent de demander l'application d'un règlement, l'explication d'une loi, d'une mesure réglementaire.

Expressions à employer

☐ Donner toujours son titre à une personnalité ; le titre, précédé de « Monsieur » ou de « Madame », doit toujours avoir une majuscule. Exemple : Monsieur le Maire, Monsieur le Directeur Général, Madame la Conseillère municipale…
☐ Exemples d'introduction : « Nous nous permettons d'attirer votre attention sur le problème suivant … » ; « J'ai l'honneur de solliciter de votre bienveillance … ».
☐ Les formules de politesse doivent traduire la relation de respect, de déférence à l'égard d'une personnalité. Exemple : « Nous vous prions d'agréer, Monsieur le Receveur, l'expression de nos sentiments respectueux. »

DEMANDE DE DÉLAIS DE PAIEMENT

SOCIÉTÉ Y......
15 avenue Parmentier
75011 PARIS

Monsieur le Percepteur
de la Recette Principale du 11e
10 avenue de la République
75010 PARIS

Objet :
Demande de délai de paiement

P. J. :
Un chèque de .... F

Monsieur le Percepteur,

Je tiens à vous informer que des difficultés momentanées de trésorerie m'empêchent de régler la totalité de l'impôt sur les Sociétés exigible à la date du .... et s'élevant à ....

En conséquence, j'ai l'honneur de vous soumettre le plan de règlement suivant :

– 1er versement de .... F joint à ma lettre (Chèque BNP) ;
– trois versements de .... par mois le .... (*date*) de chaque mois jusqu'à apurement de ma dette.

Je m'engage à respecter ce plan de règlement et vous remercie par avance de bien vouloir examiner ma demande.

Dans l'espoir d'une réponse favorable, recevez, Monsieur le Percepteur, l'assurance de mes sentiments respectueux.

Monsieur le Receveur Principal,

Nous devons porter à votre connaissance qu'il ne nous est pas possible de régler immédiatement le montant de la TVA exigible à la date du ....

En effet, nos stocks de produits ont été en grande partie détruits lors d'un incendie ainsi que deux de nos ateliers. Le montant des dégâts est considérable et sera bien entendu pris en charge par notre compagnie d'assurance. Il faut cependant compter deux mois avant que n'intervienne le règlement du sinistre, ce qui entraîne quelques problèmes de trésorerie pour notre entreprise.

Vous nous obligeriez en acceptant de nous accorder des délais de paiement et vous trouverez ci-joint le plan de règlement que nous nous engageons à respecter.

Nous vous remercions par avance de votre compréhension et espérons que devant le caractère exceptionnel de notre demande, il vous sera possible de nous donner votre accord.

Nous vous prions d'agréer, Monsieur le Receveur Principal, l'expression de notre considération distinguée.

Constitution de société

La constitution d'une société, quelle que soit sa forme, nécessite des démarches matérialisées par différents courriers. C'est le créateur d'entreprise ou bien son conseil (avocat, notaire, etc.) qui doit se charger d'envoyer ces courriers à différents organismes.

Chronologie des démarches de constitution d'une société (EURL, SARL, SA)

☐ 1. les apports : dans une EURL, une SARL ou une SA, les apports en numéraire sont bloqués sur un compte bancaire au nom de la société à créer : ces apports seront disponibles après l'exécution des formalités et de l'immatriculation auprès du Registre du Commerce et des Sociétés ; les apports en nature doivent faire l'objet d'une évaluation par un commissaire aux apports, désigné par le Tribunal de Commerce ;
☐ 2. la rédaction et la signature des statuts : c'est la formation du contrat de la société ;
☐ 3. l'enregistrement des statuts et le paiement des droits de constitution et d'apport ;
☐ 4. l'insertion d'un avis de constitution dans un journal d'annonces légales ;
☐ 5. le dépôt au centre de formalités des entreprises (CFE) d'un dossier comprenant les pièces suivantes : statuts, acte nommant le ou les dirigeants ; journal d'annonces légales ; déclaration de non-condamnation du ou des dirigeants ; extrait d'acte de naissance du ou des dirigeants ; déclaration de conformité ; titre de jouissance du siège.

L'immatriculation

Le centre de formalités des entreprises transmet le dossier pour immatriculation aux organismes intéressés, à savoir : le greffe du Tribunal de Commerce, les organismes sociaux, l'INSEE, l'administration fiscale.
Le greffe dispose alors de quinze jours pour immatriculer la société qui se trouve alors constituée.

Lexique

Apport en numéraire : apport d'une somme d'argent versée à la société. Les modalités de versement de ces sommes sont déterminées par les statuts, sauf dans les SA ou les SARL où elles sont soumises à une réglementation.

Apport en nature : apport de tout bien (meuble ou immeuble, corporel ou incorporel), autre qu'une somme d'argent. Ex. : fonds de commerce, brevet d'invention, matériel, etc.

EURL : entreprise unipersonnelle à responsabilité limitée ; créée en 1985, l'EURL est une SARL qui ne comprend qu'un seul associé. Elle répond aux mêmes règles juridiques que la SARL.

SA : société anonyme comportant un minimum de 7 actionnaires, avec un capital minimum de 250 000 F.

SARL : société à responsabilité limitée comprenant entre 2 et 50 associés, avec un capital minimum de 50 000 F.

Statuts : document écrit constitutif du contrat de société ou d'association. Les statuts édictent les règles intérieures à la société et doivent comporter obligatoirement certaines indications telles que la forme, l'objet, la dénomination, le siège social, la durée, le capital.

QUELQUES FORMALITÉS

Parmi les démarches à effectuer lors de la constitution d'une société, deux d'entre elles revêtent une certaine importance : l'enregistrement obligatoire (cote et paraphe) de certains registres comptables et des procès-verbaux par le greffe du tribunal de Commerce et, pour les sociétés anonymes, l'établissement de relations avec un commissaire aux comptes.

Modèle de lettre adressée au commissaire aux comptes

AFF. : Nom de la Société

Monsieur le Commissaire aux Comptes

Paris, le .... 199.

Cher Monsieur,

Les formalités relatives à la constitution de .... (*donner la raison sociale de la société*) étant terminées, nous vous prions de bien vouloir trouver ci-joint :

- 1 exemplaire de l'extrait k-bis ;
- 1 copie du P.V. du Conseil ayant désigné le P-D.G. ;
- 1 copie des statuts ;
- 1 copie de la promesse de bail.

Nous vous souhaitons bonne réception de la présente et vous prions de croire, Cher Monsieur, à l'assurance de nos sentiments dévoués.

Signature,

Demandes à l'administration fiscale (1)

Une entreprise peut considérer avoir été surimposée. Elle a alors tout intérêt à prendre contact le plus rapidement possible avec l'inspecteur des impôts responsable de son dossier.

Objet de la lettre

Obtenir de l'administration fiscale soit un délai de paiement, soit une remise de pénalités en cas de versement tardif de vos impôts. Cette lettre doit être très prudente. Vous devez y faire preuve de beaucoup de diplomatie : les relations avec l'administration fiscale sont souvent empreintes de suspicion de part et d'autre.

Cadre juridique

☐ Une entreprise entretient, comme tout contribuable, des relations régulières avec l'administration fiscale. Lorsqu'elle se trouve en conflit avec celle-ci, elle doit tenter de rechercher une solution avec l'administration. Il est préférable pour elle de ne pas attendre une action en justice sans réagir.

☐ Par exemple, un retard de paiement entraîne pour l'entreprise une majoration de 10 %. L'entreprise peut faire une demande de remise de majoration. Celle-ci est généralement examinée avec bienveillance par l'administration, à partir du moment où l'entreprise a réglé l'impôt principal.

Plan de la lettre

1. Rappeler au percepteur que vous avez réglé votre impôt en précisant la somme.
2. Faire une demande de remise de majoration de 10 %.
3. Conclusion et formule de politesse.

Conseils de rédaction

Vous devez être capable de manier le vocabulaire technique propre à la matière fiscale afin de prouver à l'inspecteur des impôts responsable de votre dossier, de vos compétences. Avant d'envoyer cette lettre, l'entreprise aura pris contact avec l'inspecteur afin d'établir un plan de règlement.

Lexique

Vérificateur : fonctionnaire de l'Administration fiscale chargé de contrôler les différentes déclarations des contribuables.

Redressement : rectification de l'imposition. Celle-ci peut être dans un sens ou dans l'autre, c'est-à-dire soit une majoration soit un dégrèvement.

MODÈLE DE DEMANDE DE REMISE DE MAJORATION DE 10 %

Société X......
15 avenue Parmentier
75011 PARIS

Recette des Impôts
du 11e arrondissement

À l'attention de M. ......
Inspecteur Principal

Objet : Demande de remise
de majoration de 10 %

Monsieur le Percepteur,

Nous nous sommes libérés de la somme de ...... au titre de l'impôt sur la TVA (*ou autres impôts inhérents aux sociétés*) à titre principal en application du plan de règlement établi avec vos services le .... (*indiquer la date à laquelle vous avez rencontré l'inspecteur*).

Nous avons l'honneur de solliciter une demande de remise concernant la majoration de 10 %.

Dans l'espoir d'une réponse favorable de votre part, nous vous prions d'agréer, Monsieur le Percepteur, nos salutations respectueuses.

Signature

Demandes à l'administration fiscale (2)

Dans le cadre de son contrôle des différentes déclarations des contribuables, l'administration fiscale peut vous demander des éclaircissements ou des justifications de vos déclarations.

Objet de la lettre

Demander une « faveur » à l'administration fiscale (par exemple un délai supplémentaire de réponse à des questions de l'administration fiscale) tout en la justifiant. Comme les précédentes, cette lettre doit revêtir un caractère officiel. Vous devez y faire preuve de beaucoup de diplomatie.

Cadre juridique

☐ L'administration peut vous demander des éclaircissements et/ou des justifications concernant vos différentes déclarations. Vous devez être en mesure d'apporter la preuve de ce que vous avez avancé lors de la rédaction de votre déclaration. Pour ce faire, vous devez conserver tous les documents vous permettant de prouver votre bonne foi. L'administration accorde généralement un délai de deux mois pour réunir les documents dont vous pouvez avoir besoin et pour répondre à sa demande.

☐ Par ailleurs, vous devez apporter des justifications précises pour échapper à la taxation d'office : de simples affirmations de caractère général, imprécises ou invérifiables ne seront pas acceptées. Si le délai de deux mois vous est insuffisant, vous pouvez demander au vérificateur qui vous a été affecté par l'administration un délai supplémentaire.

☐ Une seconde étape est alors possible : si le vérificateur estime votre réponse insuffisante, il doit vous indiquer les points sur lesquels il souhaite des compléments d'informations ou de précisions. Vous disposez alors de 30 jours supplémentaires pour apporter ces éléments.

☐ Lorsque le vérificateur a terminé le contrôle à votre encontre, vous recevez :
– soit un avis d'absence de redressement ;
– soit une notification de redressement.

Plan de la lettre

☐ 1. Accuser réception de la demande d'éclaircissements ou de justifications
☐ 2. Expliquer pourquoi vous demandez un délai supplémentaire à cette demande de justifications
☐ 3. Énumérer précisément (si possible) les documents déjà en votre possession
☐ 4. Demander l'accord du vérificateur

DEMANDE D'OCTROI DE DÉLAI DE RÉPONSE

Modèle de demande d'octroi d'un délai supplémentaire pour réponse à une demande d'éclaircissements ou de justifications de l'administration fiscale

Société X......
15 avenue Parmentier
75011 PARIS

Monsieur L'Inspecteur
de la Recette Principale du 11e
10 avenue de la République
75010 PARIS

Objet : Demande de délai supplémentaire/votre demande d'éclaircissements

Paris,
le 25 mars 1994

Monsieur l'Inspecteur,

Nous accusons réception de votre demande d'éclaircissements et de justifications concernant la source de nos revenus (*préciser la nature et l'objet de la demande*). Vous nous accordez un délai de deux mois pour y répondre, à compter du ....

Malheureusement, ce délai est insuffisant pour réunir tous les documents nécessaires aux justifications que vous nous demandez (*préciser les raisons pour lesquelles vous avez besoin de délais supplémentaires : par exemple : demande à votre banque*).

En conséquence, nous vous demandons de bien vouloir nous accorder un délai supplémentaire de ..... (*nombre de jours*). Nous tenons à vous joindre dès maintenant les documents suivants :

- ....

Nous vous serions reconnaissants de nous confirmer au plus tôt votre accord.
Nous vous remercions à l'avance et vous prions d'agréer, Monsieur l'Inspecteur, l'expression de nos considérations respectueuses.

Signature
Le gérant

Lettres à l'URSSAF

L'URSSAF (Union pour le recouvrement de la Sécurité sociale et des Allocations familiales) est l'organisme chargé de recouvrer les cotisations patronales et salariales que doivent verser les entreprises. Une entreprise peut être amenée à écrire à l'URSSAF dont elle dépend pour obtenir des délais ou des remises de paiement.

Cadre juridique

☐ Tout employeur est affilié à l'URSSAF dont dépend son entreprise. Cette immatriculation doit se faire dans les huit jours qui suivent soit l'ouverture de l'entreprise, soit la première embauche. Un numéro d'identité « SIRET » est attribué à l'entreprise lors de sa création, qui est à utiliser dans le cadre des correspondances avec l'URSSAF.

☐ Le paiement des cotisations est exigible, soit mensuellement (entreprises de plus de neuf salariés), soit trimestriellement (entreprises de moins de neuf salariés). Le règlement des cotisations doit parvenir à l'URSSAF un jour calendaire avant la date d'exigibilité des cotisations (le cachet de la poste faisant foi).

Les litiges possibles

☐ Les litiges entre l'URSSAF et une entreprise sont souvent dus à des retards de paiement. L'URSSAF applique alors des majorations de retard : le taux de ces majorations est fixé à 10 % des cotisations à la date d'exigibilité, plus 3,5 % par trimestre après l'expiration d'un délai de trois mois à compter de la même date d'exigibilité.

☐ Les majorations de retard et les pénalités font l'objet d'une remise automatique lorsqu'il s'agit d'une première infraction, à condition que les sommes dues ne dépassent pas un certain seuil. En cas de bonne foi dûment prouvée, un employeur peut formuler une demande gracieuse en réduction des majorations de retard et des pénalités.

C'est le directeur de l'URSSAF qui apprécie les mesures de tolérance qu'il peut prendre pour ne pas pénaliser les entreprises en cas de circonstances exceptionnelles (grève des PTT, par exemple).

Attention : l'URSSAF n'est aucunement obligée d'accorder un report de paiement de cotisations demandé par un employeur. L'octroi d'un délai n'est qu'une tolérance.

QUELQUES CORRESPONDANCES URSSAF

Modèle de lettre de demande de remise des majorations de retard

Société X.......
N° SIRET
Adresse

Monsieur le Directeur
de l'URSSAF
de........ (lieu)

Pièce justificative : Photocopie de la lettre de rappel

Monsieur le Directeur,

Nous n'avons pu nous acquitter dans les délais des cotisations dont l'échéance est normalement fixée le.... (date d'échéance).

En conséquence, nous sommes redevables de la majoration de retard dont le montant est précisé sur la lettre de rappel dont vous trouverez ci-joint la photocopie.

En raison de notre situation financière très difficile, nous vous serions reconnaissants de bien vouloir nous accorder la remise totale ou partielle de cette majoration.

En effet, nous sommes .... (*exposer les difficultés*).

Nous vous remercions de l'attention que vous voudrez bien porter à notre dossier et vous prions d'agréer, Monsieur le Directeur, l'expression de nos sentiments distingués.

Modèle de demande de délai ou de report de cotisations

Société X.......
N° SIRET
Adresse

Monsieur le Directeur
de l'URSSAF
de ....

Lettre recommandée
avec accusé de réception

Paris,
le ....

Monsieur le Directeur,

Je tiens à vous signaler qu'il ne m'est malheureusement pas possible de régler, pour l'instant, le montant de la part patronale des cotisations exigibles à la date du .... (*date*). Cela compromettrait dangereusement la trésorerie de ma société.

En conséquence, j'ai l'honneur de vous soumettre le plan de règlement échelonné de la façon suivante :

– un premier paiement de .... Francs (chèque BNP ci-joint) correspondant aux cotisations salariales précomptées ;

– ....(*nombre*) versements de .... Francs par mois le .... de chaque mois jusqu'à apurement de ma dette.

Je m'engage à respecter ce plan de règlement et vous remercie par avance de votre compréhension.

Dans l'espoir d'une réponse favorable, je vous prie d'agréer, Monsieur le Directeur, l'expression de ma considération distinguée.

Signature
Le gérant

Lettres à la COFACE

Une entreprise qui entretient des relations commerciales avec l'extérieur fait souvent appel à une compagnie d'assurances qui va l'assurer contre les risques éventuels d'une opération commerciale dans un pays lointain régi par d'autres règles juridiques, des devises étrangères...

Objet de la lettre

Demander à la compagnie d'assurances de l'assurer contre des risques de fluctuation de change ou contre les risques d'octroi de délai de paiement accordé à une entreprise étrangère.

Cadre juridique

Les entreprises qui ont une envergure internationale assurent de plus en plus souvent les risques encourus du fait de leurs échanges avec des entreprises de pays étrangers, souvent lointains et peu sûrs politiquement et financièrement.
Il est donc important, lors de chaque conclusion de marché, de prendre contact avec une compagnie d'assurances pour savoir ce qu'il est possible de faire.
Le contrat que paie l'entreprise fonctionne de la même façon que n'importe quelle compagnie d'assurances : l'assuré est payé si l'entreprise étrangère avec laquelle il a passé un contrat ne respecte pas ses engagements financiers.
Certains organismes sont spécialisés dans ce domaine, tels que la COFACE (Compagnie française d'assurance pour le Commerce Extérieur).
La COFACE assure l'entreprise contre les risques de fabrication, de crédit, contre les risques politiques ou encore contre les risques de change liés aux opérations d'exportation.

Modèle de demande de renseignements à la COFACE pour s'assurer contre le risque d'octroi d'un délai de paiement

M......,

Nous venons de conclure un contrat de maintenance en informatique avec le ministère des Télécommunications de Gambie.

Le montant de ce contrat s'élève à .... (*francs*). La livraison serait payable en trois fois selon les échéances suivantes : (*donner l'échéancier*).

Nous désirerions connaître vos conditions pour garantir les risques du crédit que nous accordons à notre client.

Nous vous remercions par avance et vous demandons de bien vouloir nous répondre rapidement.

Veuillez agréer, M......, nos saluations distinguées.

Signature

QUELQUES EXEMPLES

Modèle de lettre de demande de couverture de risque de change à la COFACE

LE MAÇON MODERNE
24 rue du Bourg Haut
13002 MARSEILLE

COFACE
Adresse
Paris, le ....

Objet : Demande de couverture/
Risque de change

Messieurs,

Nous venons d'obtenir un marché relativement conséquent au Bengladesh. Ce marché, qui doit s'étaler sur une durée de quatre ans, consiste en la construction d'un barrage électrique dans le sud du pays.

Le marché a été conclu en dollars. Nous souhaiterions donc être couverts contre le risque de fluctuation de cette monnaie.

Nous vous serions très reconnaissants de bien vouloir nous établir une police pour la couverture de ce risque sur la base de la valeur de la livre à la date de la signature du marché, à savoir le .... (*indiquer la date de signature*).

Vous trouverez ci-joint une copie du marché qui vous donnera tous les renseignements nécessaires.

Nous restons à votre disposition pour tout renseignement complémentaire.

Nous vous prions d'agréer, Messieurs, nos salutations distinguées.

Signature

Conseil d'administration d'une société anonyme

Les sociétés anonymes prévoient deux types de direction : le régime « à directoire » avec « conseil de surveillance » et le régime « conseil d'administration » qui est le plus répandu.

Objet de la lettre

Afin de gérer les affaires d'une société, les administrateurs se réunissent en conseil d'administration. Si les statuts le prévoient, la convocation du conseil d'administration peut se faire verbalement, mais dans la plupart des cas elle se fait par lettre, recommandée ou non.
Cette convocation est à adresser à tous ceux qui assistent au conseil : administrateurs, éventuellement commissaire aux comptes, partenaires sociaux.
Cette lettre, bien entendu, est écrite sur papier à en-tête, avec les mentions légales obligatoires (raison sociale, adresse du siège social, n° d'immatriculation au registre du commerce, n° de SIRET et de SIREN).
En cas d'impossibilité de participer à un conseil d'administration, un administrateur peut se faire remplacer par un autre. Dans ce cas il doit signer un pouvoir à cet autre administrateur en lui indiquant ses intentions de vote sur les différents points prévus à l'ordre du jour. En acceptant ce pouvoir, l'administrateur remplaçant s'engage à respecter les instructions qui lui sont données.

Cadre juridique

Une société anonyme peut être administrée par un conseil d'administration composé de 3 à 12 membres nommés par l'assemblée générale des actionnaires. Ce conseil est élu pour 6 ans maximum et révocable par l'assemblée générale. Il est chargé d'administrer la société au nom des actionnaires à qui il rend des comptes chaque année.
Le conseil d'administration désigne parmi ses membres un Président Directeur Général et éventuellement un Directeur Général qui assurent la direction générale de la société et la représentent dans ses rapports avec les tiers.

Plan de la lettre

1. Inviter l'administrateur au conseil d'administration en indiquant la date, l'heure et le lieu
2. Énumérer les différents points prévus à l'ordre du jour
3. Rappeler la possibilité de se faire remplacer par un autre administrateur

Lexique

Actions : d'une valeur minimale de 100 F, l'action représente une part du capital social de l'entreprise et donne un droit d'associé à celui qui la détient. Ce droit permet de toucher des dividendes sur les bénéfices effectués par la société.
Administrateur : membre du conseil d'administration.
Commissaires aux comptes : spécialistes chargés de vérifier les comptes de la société.

QUELQUES EXEMPLES

Convocation du conseil d'administration

Monsieur (prénom, nom) ....

Vous êtes prié d'assister au prochain conseil d'administration de la société ...., qui aura lieu le .... (*jour, date*) à .... heures, à .... (*lieu de la réunion, le plus souvent le siège social*).

Les points suivants sont à l'ordre du jour :
1.
2.
3.

Au cas où il vous serait impossible d'assister à ce conseil, je vous rappelle qu'il vous est possible de donner un pouvoir spécial à un autre administrateur pour se prononcer en votre lieu et place sur les différents points délibérés à l'ordre du jour.

Je vous prie d'agréer, M......., l'expression...

Le président du conseil d'administration

Représentation d'un administrateur par un autre

M.......,

Conformément aux dispositions légales en vigueur, j'ai l'honneur de vous demander de me représenter à la séance du conseil d'administration du ....

L'ordre du jour étant le suivant :
1.
2.
3.
–
–
–

Je vous saurais gré de voter « pour » les points .... et

« contre » les points suivants ....

Je vous en remercie, et vous prie d'agréer...

Nom et prénom de l'administrateur

Assemblée générale d'une SARL

Une SARL est gérée par un gérant qui agit au nom de la société. Le gérant doit présenter aux associés chaque année un rapport d'activité de l'entreprise ainsi que les comptes annuels.

Objet de la lettre

Une assemblée générale ordinaire est obligatoire au moins une fois par an. Elle a pour but principal de statuer sur les comptes de la société. Sa compétence porte également sur les conventions passées entre les responsables et la société, la révocation du gérant, l'autorisation donnée au gérant de faire des actes excédant ses pouvoirs, la révocation et la nomination du gérant. Une lettre de convocation à cette assemblée doit être adressée à tous les actionnaires, accompagnée des documents concernant l'exercice écoulé quinze jours au moins avant la date de l'assemblée, de préférence en recommandé avec accusé de réception.

Cadre juridique

En application de l'article 38 du décret du 23 mars 1967, les associés, lors des assemblées générales, ne peuvent valablement se prononcer que sur les questions qui ont été inscrites à l'ordre du jour indiqué dans leur convocation.
Tous les actionnaires doivent assister à l'assemblée annuelle. En cas d'impossibilité, l'associé choisit un mandataire qui accepte de voter dans le sens indiqué par le mandant, signataire du pouvoir. Ce mandataire peut être le conjoint de l'associé ou un autre associé. Tout associé a la faculté de poser par écrit des questions à la gérance qui est tenue d'y répondre au cours de l'assemblée générale (art. 56, al. 3 de la loi du 24 juillet 1966).

```
M. … (nom, prénom)

Adresse …

possédant … parts sociales dans la SARL … demande à la gérance
d'apporter des précisions sur les points suivants … (et, ou)
d'énoncer les raisons de la décision de … au cours de l'assemblée
générale annuelle qui se tiendra le … (jour, heure) au … (lieu)

                                          À … (lieu), le … (date)

                                          Signature
```

Plan de la lettre

1. Inviter à participer à l'assemblée générale ordinaire en précisant la date et l'heure
2. Énumérer les différents points prévus à l'ordre du jour
3. Annoncer l'envoi conjoint des documents nécessaires à la prise de décision de l'associé
4. Rappeler la possibilité de se faire représenter par un mandataire
5. Rappeler la possibilité de poser des questions écrites au gérant

QUELQUES EXEMPLES

Lettre de convocation à l'assemblée générale annuelle

Nous avons l'honneur de vous convoquer à l'assemblée générale ordinaire de la Société ...., SARL au capital de .... F qui se tiendra le .... (*jour mois année*) à .... heures.

L'ordre du jour abordera les points suivants :
1 Approbation :
- du rapport de gestion
- des comptes annuels
- de l'inventaire

2. Détermination du dividende
3. Quitus à la gérance
....
Ci-joint, nous vous transmettons :
- le bilan et le compte de résultat du présent exercice ;
- le rapport de la gérance sur l'activité de la société et l'exercice écoulé ;
- le rapport du commissaire aux comptes

L'inventaire est tenu à votre disposition au siège social.
Vous avez la possibilité de vous faire représenter à cette assemblée par un mandataire qui peut être soit un associé, soit votre conjoint, muni d'un pouvoir régulier.
Conformément à l'article 56 de la loi du 24 juillet 1966, il vous est possible de poser par écrit toute question à la gérance, et ce à partir de la présente communication. Il sera répondu à toutes ces questions au cours de l'assemblée.
Veuillez agréer, M......., nos très courtoises salutations.

À ...., le .... (jour, mois, année)

Le Gérant, (signature)

Pouvoir

Je soussigné : Nom ...., Prénom ...., Adresse ...., associé de la SARL ...., ayant pris connaissance de l'ordre du jour de l'assemblée et des autres documents énumérés à l'article 56 al. 2 de la loi du 24 juillet 1966 qui m'ont été adressés en temps utile,
Constitue pour mandataire sans faculté de substituer
M........ (*nom, prénom, adresse*)
ou à défaut :
M........ (*nom, prénom, adresse*)
pour me représenter à l'assemblée générale ordinaire annuelle, convoquée le .... 19.. à ....
En conséquence, assister à l'assemblée, signer les feuilles de présence et toutes autres pièces, prendre part à toutes les délibérations, émettre tous votes et, généralement, faire le nécessaire.
Le présent pouvoir conservera tous ses effets pour toutes les assemblées successivement à l'effet de délibérer sur le même ordre du jour, en cas de remise à date ultérieure pour raison de quorum non atteint ou toutes autres causes.

Fait à ...., le .... 19..

Bon pour pouvoir (*Signature de l'associé*)

La déclaration de sinistre

Toute entreprise subissant un sinistre (dégâts des eaux, incendie, cambriolage, accident) doit avertir son assureur par courrier. Cette lettre doit faire figurer le plus précisément possible les faits et les dommages subis à l'occasion de ce sinistre.

Objet de la lettre

Informer exactement et complètement l'assureur sur tous les points qui peuvent avoir une répercussion sur les garanties offertes par la police d'assurances.

Présentation de la lettre

La lettre est rédigée sur papier libre ou remplie sur l'imprimé donné par la compagnie d'assurances. Il vaut mieux l'envoyer en recommandé avec accusé de réception.

Cadre juridique

☐ Le délai de déclaration d'un sinistre est prévu dans un contrat, à savoir (généralement) :
– 5 jours pour une assurance auto,
– 48 h pour un vol : cette déclaration doit être assortie d'une déclaration de vol auprès des services de police,
– 10 jours pour des catastrophes naturelles.

☐ La non-déclaration d'un sinistre dans les délais impartis peut remettre en cause la recevabilité de votre demande. Votre compagnie d'assurances peut donc refuser de vous rembourser.

Plan de la lettre

1. Indiquer très précisément vos coordonnées exactes
2. Rappeler le numéro de votre police d'assurances ou votre numéro de sociétaire (mutuelle)
3. Préciser les circonstances du sinistre : date, heure, témoins oculaires et causes
4. Demander la visite d'un expert, si besoin est.

Formule type

« Les pluies torrentielles de la nuit du … au … ont provoqué des dégâts importants dans la partie basse de nos bâtiments situés (adresse).
Les dommages globaux relatifs au sinistre s'élèvent à … (facture ci-jointe). L'état de ce bâtiment où se trouve l'accueil de notre société gêne considérablement notre activité. Nous vous demandons de bien vouloir nous envoyer un expert le plus rapidement possible afin de constater les dégâts. »

DÉCLARATION DE SINISTRE

Lettre recommandée avec accusé de réception
En-tête de la société

M.I.I.F.
45 Bd Brune
75014 PARIS

Objet :
Déclaration de sinistre

Saint-Denis,
le 30 mars 1994

Monsieur,

Nous tenons à vous informer qu'un début d'incendie s'est déclaré ce jour dans nos ateliers, situés au .... (*adresse*).

Ce début d'incendie s'est déclaré vers 14 h 10. Une ouvrière appartenant au service Conditionnement a aperçu de la fumée, s'échappant de caisses d'emballage en carton. Malgré l'aide d'un membre du personnel qui a pu actionner l'extincteur, ils n'ont pu éteindre le feu.

Nous avons donc dû faire appel aux pompiers qui ont réussi à éteindre le feu vers 14 h 50.

Nous ne connaissons pas les causes de l'incendie.

Les dommages subis lors de cet incendie sont de l'ordre de ...... (*donner la somme totale*) et peuvent se décomposer comme suit :
– .... de marchandises et cartons d'emballages ;
– .... de dommages relatifs aux parties des bâtiments touchés par cet incendie.

Nous vous serions reconnaissants de bien vouloir faire le nécessaire pour régler ce sinistre le plus rapidement possible. (*Si besoin est, demander la venue d'un expert.*)

Veuillez agréer, Monsieur, nos salutations distinguées.

Signature

Résiliation anticipée du contrat d'assurance

Il est possible, dans des cas précis, de résilier, avant terme, un contrat d'assurance. La lettre de résiliation, envoyée à l'assureur, doit être motivée.

Objet de la lettre

Avertir votre compagnie d'assurances de votre volonté de mettre fin au contrat qui vous lie à elle. Cette résiliation, avant terme, doit respecter un certain nombre de règles quant au fond et à la forme. La lettre doit être envoyée en recommandé avec accusé de réception.

Cadre juridique

☐ Un contrat d'assurance est généralement passé pour une durée déterminée (un, cinq ou dix ans). Il y figure une règle de tacite reconduction assortie d'une faculté de résiliation (voir page 96). En dehors de cette possibilité généralement annuelle de résiliation d'un contrat, l'assuré peut, dans des cas bien précis, résilier avant terme sa police d'assurance (ces motifs de résiliation figurent généralement dans le contrat d'assurance), à savoir :

- lorsque l'assuré subit un changement dans sa situation (ex : locaux vendus, changement de raison sociale, de siège...),
- lorsque l'objet assuré est volé ou vendu,
- lorsque l'assureur n'a pas diminué la prime alors qu'il y a eu diminution du risque,
- lorsque la prime d'assurance a été majorée (sauf dans le cas d'un malus dans une assurance automobile).

☐ L'assureur peut, lui aussi, résilier, avant terme, un contrat d'assurance après un sinistre. En contrepartie, l'assuré peut alors résilier tous ses autres contrats passés avec cet assureur. Il peut également résilier un contrat en cas de non-paiement des primes ou en cas d'aggravation des risques. La résiliation du contrat ne peut intervenir que dans les trois mois suivant la date de l'événement. Les délais de préavis sont variables selon les clauses de résiliation. Des justificatifs doivent généralement être fournis à l'assureur. L'assureur doit rembourser à l'assuré la partie de prime correspondant à la période pendant laquelle le risque n'est plus couvert.

Plan de la lettre

1. Rappeler vos références : N° de police ou N° de sociétaire, type de contrat. Préciser le nom de la personne auprès de qui vous avez souscrit cette police
2. Donner le ou les motifs de la résiliation de votre contrat
3. Préciser la date à laquelle vous désirez mettre un terme à ce contrat
4. Formule de politesse

MODÈLE DE LETTRE

Société G.M. Décoration
Z. I. Les Islettes
93200 Saint-Denis

M.I.I.F.
45 Bd Brune
75014 PARIS

Lettre recommandée
avec accusé de réception

N° de Police : 450210VB
Division : Marcadet-Poissonniers
Assurance : Local

À l'attention de M. X.......

Saint-Denis, le
....

Monsieur,

Nous tenons à vous informer que notre entrepôt, situé 15 rue de Montreuil, assuré contre l'incendie a été complètement détruit lors d'un incendie survenu dans la nuit du .... au ....

Nos marchandises, qui y étaient entreposées, sont entièrement inutilisables.

Nous n'avons pas l'intention de reconstruire un entrepôt à cette adresse et vous demandons donc de bien vouloir résilier notre contrat d'assurance incendie, à compter du ...

Nous vous prions également de nous restituer la part de la prime qui n'aura pas été utilisée.

Veuillez agréer, Monsieur, nos salutations distinguées.

Signature

Non-renouvellement d'une police d'assurance

Il est possible de résilier une police d'assurance, à son terme, sans motifs précis. L'assuré doit, respecter scrupuleusement les formes et délais stipulés dans ce même contrat.

Objet de la lettre

Avertir l'assureur de votre volonté de mettre fin au contrat qui vous lie à la compagnie d'assurance. Cette lettre doit être envoyée en recommandé avec accusé de réception et parvenir à l'assureur au plus tard la veille du jour où débute le préavis.

Cadre juridique

□ Contrairement à ce qui se passe lors de la résiliation anticipée d'un contrat d'assurance (voir page 94), l'assuré n'est pas obligé de motiver le non-renouvellement de son contrat.

□ La seule obligation de l'assuré est de respecter les conditions de résiliation de son contrat. Ces conditions prévoient généralement une résiliation annuelle mais dans certains cas, elle peut être triennale ou même quinquennale. L'assuré doit également respecter le délai de préavis indiqué également dans le contrat (entre 1 et 3 mois).

Plan de la lettre

1. Indiquer soigneusement vos références, le numéro de votre police ou de sociétaire
2. Donner le (les) faits qui vous incitent à demander la résiliation de votre contrat d'assurance
3. Avertir de la décision prise en rappelant la date de la prochaine échéance.
4. Demander à l'assureur d'accuser réception de votre résiliation
5. Formule de politesse

Formules types

« À la suite du décès de ma sœur, Madame ....., je suis devenue propriétaire de l'entreprise X..... située ..... (*adresse*)
Conformément aux dispositions de la clause ..... figurant dans les conditions générales de mon contrat d'assurance N° ....., je tiens à vous informer que .....
En conséquence, je vous demande de bien vouloir résilier ce contrat et de m'en donner acte. »

Lexique

Police d'assurance = contrat d'assurance.
Résiliation : rupture d'un contrat par la volonté d'une des parties.
Préavis : délai donné, dans un contrat, aux deux parties pour mettre fin au contrat.

MODÈLE DE LETTRE

Établissements X.......
15 rue du Vent
75012 Paris

M.I.I.F.
45 Bd Brune
75014 Paris

Paris, le ....

Lettre recommandée
avec accusé de réception

N° de police : 45210012
Assurance/Locaux Industriels

À l'attention de M.......

Messieurs,

Nous vous signalons la fermeture de nos locaux industriels situés au .... (*adresse*) et la résiliation de notre bail locatif le 31 juillet prochain.

En conséquence, nous vous demandons de bien vouloir résilier la police d'assurance que nous avions contractée auprès de votre compagnie, à compter du 1er septembre prochain, date de la prochaine échéance.

Nous vous serions reconnaissants de nous accuser réception de ce courrier et de nous donner acte de cette résiliation.

Nous vous remercions à l'avance et vous prions d'agréer, Messieurs, l'expression de nos sentiments les meilleurs.

Signature

Petite annonce – offre d'emploi

Une entreprise qui recherche un salarié pour un emploi précis utilise dans la plupart des cas les petites annonces d'offre d'emploi.

Objet de la petite annonce

Les annonces d'offre d'emploi sont insérées essentiellement dans la presse locale ou régionale, certaines paraissent également dans les journaux de l'A.N.P.E. ou peuvent être consultées sur les panneaux d'affichage des agences.
L'objectif essentiel de l'annonce est d'« accrocher » les demandeurs d'emploi afin de susciter un maximum de réponses tout en ciblant au plus près le public auquel elle s'adresse. Le problème pour l'entreprise devient alors de choisir parmi une multitude de candidats celui qui correspond le mieux aux exigences du poste à pourvoir.
Certaines entreprises contournent ce problème en faisant appel à des organismes spécialisés comme les « conseils en recrutement » qui se chargent de la conception de l'annonce, de sa parution dans la presse, de la réception des candidatures, de la sélection et du recrutement des candidats.

Contenu de l'annonce

Une petite annonce bien conçue donne des informations suffisamment précises sur l'entreprise, le poste, les caractéristiques exigées du candidat, les modalités de prise de contact. Elle se compose de trois parties essentielles :
– la présentation succincte de l'entreprise et le poste offert
– la description du poste (mission) et des exigences de la fonction (profil et qualités du candidat). Dans cette partie figurent aussi parfois les conditions de travail et la rémunération proposées
– les références du dossier de candidature accompagnées des coordonnées de l'organisme à qui il faut adresser le dossier
Mais attention, si la petite annonce doit être précise, elle ne doit utiliser qu'un minimum de mots afin de ne pas entraîner des coûts de parution trop élevés.

Présentation de l'annonce

L'« accroche » de la petite annonce se fait essentiellement par sa présentation matérielle (choix des caractères, des couleurs, de la disposition du texte), son emplacement (de préférence sur la page de droit et au centre), sa taille et éventuellement par la présence d'un dessin ou d'une illustration qui peut faire appel à l'humour.

QUELQUES EXEMPLES D'ANNONCE

Société prestataire de services dans le domaine de la CONSTRUCTION

COLLABORATEUR
JURIDIQUE

Maîtrise DEA, DESS
1 an d'expérience sous contrat CDD
5 mois
Disponibilité 1er février 1994

Adresser CV, lettre manuscrite et prétentions à
CESP DÉVELOPPEMENT
26, rue de la Boétie – 75008 PARIS

Saint-Brieuc – 45 000 Habitants

Une qualité de vie,
Une ville de taille humaine de 50 000 Habitants.
Une dynamique culturelle.

RECRUTE
UN RESPONSABLE ANIMATION CULTURELLE
(NIVEAU BAC + 3)

Votre expérience en matière d'animation et de développement culturel, Théâtre, Cinéma, Culture Scientifique et Technique,
Votre goût de la communication,
Votre aptitude à la gestion de projets,
Vous permettront :
De concevoir et mettre en œuvre sur les plans culturel et financier des expositions, actions théâtre et cinéma.

Adresser candidature et CV détaillé à
Monsieur le Maire – B.P. 3543
22023 SAINT-BRIEUC CEDEX
avant le 3 février 1994

Pour réussir dans l'univers des hautes technologies, il faut savoir sortir des sentiers battus, créer sa propre voie. Carade a bâti sa réussite sur des hommes et des femmes capables d'anticiper les évolutions... en toute créativité. Avec eux, Carade poursuit sa croissance ininterrompue depuis plus de 50 ans et continue à innover dans tous les secteurs d'avenir : réseaux, télécommunica-tions...

JEUNES DIPLÔMÉS
DÉBUTANTS OU PREMIÈRE EXPÉRIENCE

Vous êtes diplômé d'une grande école de commerce ou d'ingénieurs (généraliste ou spécialisée en informatique ou électronique) et possédez éventuellement une première expérience. Vous maîtrisez l'anglais. Venez bâtir votre propre univers et partager notre réussite.

• Ingénieurs R&D • Ingénieurs produits • Ingénieurs qualité • Ingénieurs télécom • Ingénieurs d'applications logicielles • Ingénieurs supports techniques • Consultants systèmes d'information • Analystes financiers.

Pour ces postes basés à Grenoble, merci d'adresser votre dossier de candidature à Pascale Mauduit – Carade, Service Recrutement – 13281 Marseille Cedex 06.

• Ingénieur acheteur (spécialité emballage) • Ingénieurs applications logicielles • Ingénieurs production.

Pour ces postes basés à Lyon-Isle d'Abeau, merci d'adresser votre dossier de candidature à Dominique Faria, Service Recrutement – 35, rue Brizeux – 67078 Strasbourg Cedex.

Lettre d'offre d'emploi à l'ANPE

Une entreprise peut recruter directement (annonces dans la presse, recrutement interne, intervention de cabinets de recrutement). Elle peut recourir également à l'ANPE.

Objet de la lettre

Notifier à l'agence locale de l'ANPE dont l'entreprise dépend l'existence d'une création ou d'une vacance de poste.

Cadre juridique

□ L'Agence nationale pour l'emploi, si elle n'a plus le monopole du placement des demandeurs d'emploi, demeure l'organisme public responsable de la gestion des demandeurs d'emploi en France.

□ L'ANPE, présente dans toutes les communes d'une certaine importance par l'intermédiaire de ses agences locales, est chargée de :
- accueillir et informer les demandeurs d'emploi,
- orienter ces demandeurs vers les entreprises qu'elle connaît ou vers un stage de formation professionnelle,
- prospecter les emplois disponibles auprès des entreprises locales.

□ L'entreprise est tenue de signaler à l'ANPE toute création ou vacance de poste, sauf si le recrutement est interne. Mais l'employeur garde toute liberté d'embauche, dans la mesure où :
- il n'est pas obligé d'accepter le candidat proposé par l'ANPE (mais il est tenu de prévenir l'ANPE dont il dépend dans les 48 h qui suivent l'embauche) ;
- il peut embaucher directement (annonces, cabinets de recrutement, etc.).

□ Lors de la rédaction d'offre d'emploi à l'ANPE, il est interdit à l'entreprise de mentionner le sexe ou la situation de famille du candidat recherché, sauf si l'appartenance à l'un ou l'autre sexe est déterminante pour l'exercice d'un emploi spécifique (article L. 123-1 du Code du Travail). L'entreprise ne peut refuser d'embaucher un candidat en raison de son origine, de ses opinions politiques ou religieuses ou encore de son appartenance à une race, une nation ou une religion.

□ Lorsque le candidat est un cadre, il est recommandé à l'employeur d'envoyer également une offre d'emploi à la revue hebdomadaire de l'APEC, (Association pour l'Emploi des Cadres).

Plan de la lettre

1. Annoncer l'offre d'emploi de la société
2. Indiquer le plus précisément possible le profil du poste à pourvoir
3. Indiquer le salaire et les primes éventuelles
4. Préciser la marche à suivre pour les candidats potentiels (lettre manuscrite, CV, photo, etc.).

MODÈLES DE LETTRES

Offre d'emploi à l'ANPE

S.A.A.G.I.I.
245 bd de la Villette
75019 Paris

Agence ANPE
237 rue de Belleville
75019 Paris

Objet : Offre d'emploi

Paris, le 3 mars 1994

Messieurs,

Notre société : .... (*nom et adresse de l'entreprise*) recherche un .... (*détailler la ou les fonctions*) pour une durée indéterminée.

Le (la) candidat(e) devra avoir .... (*âge*) minimum et .... (*âge*) au plus.

Son expérience professionnelle devra être de ... (*années*) au moins et il(elle) devra être titulaire d'un .... (*indiquer le ou les diplômes requis*) ou une équivalence.

Son salaire sera de .... F bruts par mois.

Les avantages sociaux dans notre société sont :
- 13e mois,
- restaurant d'entreprise,
- prime d'intéressement.

Le (les) candidat(s) devront adresser une lettre manuscrite, accompagnée d'un curriculum vitae détaillé et d'une photo récente à votre agence qui transmettra.

Avec nos remerciements.

Le Directeur du Personnel,

Lettre à l'APEC

En-tête identique à la lettre précédente

Le service .... de la Société X....... spécialisée dans .... (*indiquer l'activité principale*), leader dans son domaine (*indiquer le chiffre d'affaires*) recherche un(e) collaborateur(rice) pour assurer les fonctions de .... (*détailler le profil du poste*) pour une durée de ....

Le(la) candidat(e) retenu(e) sera âgé(e) de .... minimum et de .... maximum. Il devra avoir une expérience professionnelle de .... années minimum et être titulaire d'un .... (*indiquer le ou les diplômes de grandes écoles demandés*).

Lettre de demande de renseignements

La demande de renseignements fait partie des habitudes qu'ont certaines entreprises : la prise de renseignements sur les collaborateurs qu'elle envisage d'embaucher.

Objet de la lettre

Cette lettre est une lettre délicate : en effet, le contenu des informations que le destinataire va être amené à donner (avec des incidences juridiques possibles) oblige le rédacteur de cette demande de renseignements à assurer son correspondant du caractère confidentiel de sa demande.

Les caractéristiques de la lettre

Elle doit préciser la nature des renseignements demandés, mais également la raison pour laquelle on s'informe (ex. : poste à pourvoir...).
Si l'on ne veut pas mentionner le nom de la personne dans la lettre, il faut joindre une fiche séparée. Par mesure de précaution, l'enveloppe doit porter la mention « Confidentiel ».

Plan de la lettre

1. Annoncer l'objet de la lettre
2. Préciser la nature des renseignements demandés (aptitudes professionnelles du candidat, valeur morale), ainsi que la raison pour laquelle on a besoin de ces informations
3. Assurer le correspondant du caractère confidentiel que l'on donnera à sa réponse
4. Remercier pour la réponse (éventuellement proposer au correspondant de lui rendre, le cas échéant, le même service)

Formules types

« En consultant ses états de service, nous apprenons qu'il a été à votre service du ..... au ..... »
« Nous vous saurions gré de nous dire ce que vous pensez de ses compétences professionnelles et de ses qualités humaines.
Nous aimerions également avoir votre avis sur ses aptitudes au travail en équipe : en effet, l'emploi auquel il postule exige de pouvoir travailler en étroite collaboration avec des personnes de cultures très différentes. »
« Nous vous serions reconnaissants de toute autre information que vous voudrez bien nous fournir sur M..... X..... et vous assurons de notre absolue discrétion. »

DEMANDE DE RENSEIGNEMENTS

M..... X......
Société X.Y.Z.
Adresse

M. A.....
Directeur du Personnel
15 rue de la Convention
75015 PARIS

CONFIDENTIEL

Objet :
Demande de renseignements

M......,

M. G.W..... sollicite un emploi de ...... dans notre Société.

À la lecture de son curriculum vitae, nous constatons qu'il a été ...... dans votre entreprise du .... au ....

Nous vous serions très obligés de bien vouloir nous donner votre appréciation générale sur cette personne.

En effet, nous envisageons de lui confier de hautes responsabilités et nous souhaiterions avoir le plus d'indications possibles sur ses compétences professionnelles et ses qualités humaines.

Nous pouvons vous assurer de notre entière discrétion relative aux informations que vous voudrez bien nous communiquer.

Nous vous remercions à l'avance et vous prions d'agréer, …

Signature

Réponse négative à une lettre de candidature

Le service du personnel aura à rédiger ce type de lettre dans le cadre d'une procédure de recrutement ou simplement pour répondre à des candidatures spontanées.

Objet de la lettre

Annoncer à un candidat ou à une personne qui a envoyé une offre d'emploi que sa candidature n'a pas été retenue.

Plan de la lettre

1. Informer immédiatement du refus de la candidature
2. Donner les raisons de ce refus
3. Conclure en souhaitant au destinataire de trouver rapidement un emploi

Remarques

☐ Répondre au courrier reçu en général et aux offres de candidature en particulier est un devoir élémentaire pour toute entreprise. En effet, au-delà du simple geste de courtoisie, le courrier de l'entreprise concourt à l'image même de celle-ci, même à l'occasion d'une lettre de rejet de candidature.

☐ La lettre de rejet d'une candidature (surtout lorsque l'entreprise procède au recrutement d'un nouveau salarié) se doit d'être courtoise et la plus personnalisée possible, afin de ne pas blesser le destinataire.

Motifs pouvant être utilisés

Les motifs invoqués dans la lettre seront différents selon l'avancement de la procédure de recrutement. On peut notamment utiliser des lettres types lorsque l'on répond à des offres d'emploi spontanées auxquelles on ne donne pas suite. Un certain nombre de motifs possibles sont cités ci-dessous :

« Le poste que vous sollicitez vient d'être pourvu et aucun autre poste n'est vacant actuellement. »

« Votre expérience professionnelle nous paraît insuffisante pour le poste à pourvoir. »

« Vous n'avez pas, à ce jour, terminé votre formation initiale. Bien que l'obtention de votre diplôme ne soit pas un facteur déterminant pour nous, nous vous conseillons de nous recontacter à la fin de vos études. »

« Nous ne disposons pas dans la société de poste correspondant à votre qualification. »

« La date à laquelle vous serez libéré de vos obligations du service national est encore trop lointaine pour que nous soyons en mesure de vous dire si un poste sera vacant. »

« Nous avons examiné votre candidature très attentivement. Toutefois, et sans que vos qualifications soient mises en doute, notre choix s'est porté sur une personne dont le profil semble mieux correspondre au poste à pourvoir. »

QUELQUES EXEMPLES

Refus de candidature après entretien

Lieu,

Date,

Objet :
Votre offre de candidature

M.....

Suite à l'entretien que vous avez eu avec M....., nous avons le regret de vous informer que nous ne pouvons retenir votre candidature au poste de ....

En effet, notre choix s'est porté sur un(e) autre candidat(e) dont l'expérience et la qualification correspondent mieux aux exigences du poste à pourvoir.

Nous vous souhaitons de trouver rapidement un emploi correspondant à vos voeux et vos compétences.

Nous vous prions d'agréer, M......, nos salutations distinguées.

M. X......
Fonction

Refus de candidature après réception d'une offre spontanée

Lieu,

Date,

Objet :
Votre offre de candidature

M......

Nous avons bien reçu votre offre de candidature à un poste de .... et vous en remercions.

Nous avons examiné celle-ci avec attention, mais malgré l'intérêt qu'elle représente, nous sommes au regret de vous informer que nous ne pouvons y donner une suite favorable.

En effet, la conjoncture économique actuelle ne nous permet pas, pour le moment, d'engager de nouveaux collaborateurs.

Nous conservons néanmoins votre dossier et ne manquerons pas de vous recontacter si un poste susceptible de vous convenir venait à se libérer.

Nous espérons que vous trouverez rapidement un emploi conforme à vos compétences professionnelles et vous prions d'agréer, M......, l'expression de nos sentiments distingués.

M. X......
Fonction

Réponse positive à une lettre de candidature

La réponse positive à une lettre de candidature peut être la première étape vers la sélection d'un candidat ou être envoyée à la suite de tests ou (et) d'entretiens.

Objet de la lettre

Accuser réception d'une offre d'emploi. Elle a souvent un caractère très administratif. On peut noter cependant une tendance à la spontanéité dans certaines entreprises, soucieuses de communication.

Plan de la lettre

1. Accuser réception de la lettre
2. Donner les raisons générales de l'intérêt de la candidature pour l'entreprise
3. Proposer au candidat(e) un rendez-vous

Remarques générales

Le traitement des candidatures spontanées ou le traitement des candidatures répondant à un besoin de l'entreprise est une des principales tâches du service Recrutement d'une entreprise. Ce type de courrier, très répétitif, est de plus en plus souvent organisé sous forme de lettre type. Il peut constituer une première réponse à une offre d'emploi ou bien déjà une convocation du candidat après une première prise de contact.

Formules types

☐ Introduction

« Nous vous remercions de l'intérêt que vous portez à notre société en nous proposant votre collaboration. »

« Nous vous remercions d'avoir bien voulu répondre à l'offre d'emploi que nous avons fait paraître dans ..... le ..... »

« Pour faire suite aux tests que vous avez passés récemment et afin de terminer l'examen de votre candidature, nous aimerions nous entretenir avec vous. »

« Vous avez bien voulu nous contacter récemment pour nous proposer votre collaboration. »

☐ Développement

« Afin de nous permettre d'étudier votre demande d'une manière plus approfondie, nous vous serions obligés de bien vouloir nous retourner la fiche de renseignements ci-jointe, complétée et accompagnée d'une photo récente. »

« Afin de procéder avec vous à un examen plus approfondi de votre demande, nous vous demandons de bien vouloir vous présenter à nos bureaux, ... le ... à ... »

« En conséquence, vous voudrez bien vous présenter au Service du Personnel le ... à ... pour passer quelques tests et avoir un premier entretien avec M....., le responsable du Recrutement. »

EXEMPLE DE CONVOCATION

G.M. DÉCORATION
BP 203 – ZI Les Islettes
93200 Saint-Denis

M.

Saint-Denis,
le ....

Objet :
V/Demande d'emploi

M......,

Votre demande d'emploi du .... a retenu toute notre attention.

Votre formation et vos références seraient susceptibles de nous intéresser.

Nous souhaiterions avoir un premier entretien avec vous et vous faire passer quelques tests, afin de procéder à une étude plus approfondie de votre candidature.

Nous vous demandons donc de bien vouloir vous présenter au Service du Recrutement le .... à ....

Au cas où vous ne pourriez vous libérer à cette date, nous vous serions reconnaissants de bien vouloir nous en aviser par retour de courrier.

Nous vous prions d'agréer, M......, l'expression de nos sentiments distingués.

Signature

Réponse aux demandes de stage en entreprise

Les stages en entreprise étant un passage quasi-obligé de la formation professionnelle des jeunes, l'entreprise va devoir répondre aux demandes de stage qui lui sont adressées.

Objet de la lettre

Accepter ou refuser l'accueil d'un stagiaire dans l'entreprise. Ce genre de lettre est de plus en plus souvent à rédiger, les demandes de stage se faisant actuellement beaucoup plus nombreuses.

Cadre juridique

☐ Un stagiaire en entreprise peut être rémunéré ou non. Dans le cas où le stagiaire est rémunéré, les cotisations sont celles applicables aux salariés du régime général.

Dans le cas où le stagiaire n'est pas rémunéré, celui-ci peut recevoir des gratifications.

– Gratifications inférieures à 30 % du SMIC : les cotisations patronales sont calculées sur la base de 25% du SMIC ; il n'y a ni cotisation salariale, ni CSG. Ceci à condition que le stage soit un stage d'initiation, de formation professionnelle, ou bien un stage en entreprise obligatoire dans le cadre d'un enseignement.

– Gratifications supérieures à 30% du SMIC : la totalité de la somme versée est soumise aux cotisations patronales et salariales, y compris la CSG.

☐ Ces stages peuvent avoir une durée supérieure à trois mois. La mention d'une indemnité, dans une convention de stage, ne suffit pas à lui conférer un caractère de rémunération.

Plan de la lettre

1. Accuser réception de la demande
2. Informer le destinataire de la décision de l'entreprise en la motivant :

– accord avec proposition de prise de contact ou de rendez-vous

– refus : expression de regrets et proposition pour une date ultérieure ; impossibilité d'accueil à cause de l'infrastructure de la société (pas de matériel ou manque de place) ; planning complet à cette date avec proposition de renouvellement de demande de stage.

3. Formule de politesse

Lexique

Convention de stage : contrat écrit, passé entre deux parties (par exemple un établissement scolaire et une entreprise) stipulant les droits et les obligations de chacune des parties lors de l'accueil d'un stagiaire dans une entreprise.

MODÈLES

Acceptation d'accueil de stagiaire

G. M. DÉCORATION
Z.I. - LES ISLETTES
93200 SAINT-DENIS

Saint-Denis
le ...

Objet : V/ Demande de stage

M........,

Nous avons bien reçu votre lettre du ... et vous remercions de la confiance que vous manifestez en notre société.

Nous vous accueillerons avec plaisir dans notre entreprise du ... au ....

Nous aimerions, au préalable, vous rencontrer. Nous vous demandons donc de bien vouloir prendre contact avec M.... (Tél ....) pour convenir d'un rendez-vous.

Nous vous prions d'agréer, M...., nos sincères salutations.

Refus d'accueil de stagiaire

1. Nous sommes désolés de ne pouvoir donner suite à votre demande. En effet, notre planning de stages est complet pour la période du .... au .....

En revanche, nous aurions la possibilité de vous accueillir du .... au ..... Si vous êtes intéressé(e) par cette date, vous pouvez contacter M.... (Tél : ....)

2. Il nous est malheureusement impossible de vous accueillir cette année dans notre entreprise. En effet, notre planning de stages est complet pour l'année 98.

Nous le regrettons et vous demandons de bien vouloir nous recontacter ultérieurement pour l'année 99.

Veuillez agréer, M...., nos sincères salutations.

Attestation de fin de stage

Je, soussigné ...., Gérant de la Société ...., atteste que M.... a suivi un stage de .... du .... au .... dans notre société au service .... en tant que .....

Ses qualités de .... (rigueur, conscience professionnelle, initiative, créativité, etc.) ont été vivement appréciées par tous.

Fait à ....
Le ....
Pour servir et valoir ce que de droit
Le Gérant,

Lettre d'embauche

L'engagement d'un salarié prend de plus en plus souvent une forme écrite. Le salarié ou/et l'employeur désirent avoir des garanties. Ainsi, l'employeur sera amené à rédiger une lettre d'embauche précédée quelquefois d'une promesse d'embauche.

Objet de la lettre

Confirmer par écrit à un candidat qu'il a été retenu pour le poste et fixer ses conditions d'emploi.

Cadre juridique

☐ Une pratique nouvelle apparaît actuellement : la promesse d'embauche. Cette pratique a tendance à se développer pour les cadres qui désirent, avant de quitter leur entreprise, avoir des garanties auprès de l'entreprise auprès de laquelle ils ont postulé. La promesse d'embauche se distingue de la simple offre d'emploi, car elle crée des obligations pour l'entreprise qui ne peut revenir sur cette promesse, à partir du moment où le candidat au poste a signé cette promesse.
☐ La promesse d'embauche contient les dispositions générales (début du contrat, type de contrat, poste occupé, rémunération) quant aux futures conditions d'emploi du candidat. Les juges considèrent cette promesse comme un contrat légalement formé. L'entreprise ou le futur salarié qui reviendraient sur cette promesse peuvent donc être condamnés à des dommages et intérêts.
☐ Cette promesse d'embauche peut contenir des clauses suspensives à savoir : une aptitude médicale constatée par un médecin agréé, la remise de diplômes ou d'une carte de travail, l'établissement d'un contrat de travail.
La lettre d'embauche, elle, n'intervient qu'au moment de l'embauche et est bien plus précise quant aux conditions d'emploi du salarié.

Plan de la lettre

1. Annoncer l'embauche au poste proposé
2. Annoncer la date du début du contrat
3. Annoncer les horaires de travail
4. Demander au futur salarié de retourner le double du document signé, précédé de la mention « Lu et Approuvé »
5. Souhaiter une collaboration heureuse avec le nouveau salarié

Lexique

DPAE : déclaration préalable à l'embauche. Dès que le recrutement est certain, l'employeur doit envoyer à l'URSSAF une déclaration annonçant le jour et l'heure à laquelle le salarié entrera en fonction. Cette déclaration nouvelle constitue l'une des obligations légales de l'employeur en matière d'embauche.
Embauchage : action d'embaucher, d'engager le candidat qui convient au chef d'entreprise. On parle d'embauchage direct lorsqu'une entreprise ne fait pas appel à l'ANPE pour recruter un salarié.

QUELQUES EXEMPLES

Lettre d'embauche

M......

Nous avons le plaisir de vous annoncer que votre candidature au poste de ...... a été retenue.

Vous commencerez votre travail le .... à .... précises dans notre société dont l'adresse figure ci-dessus. Votre responsable sera M......

Les horaires de travail sont de .... à .... du lundi au vendredi.
Votre contrat de travail sera établi par le service du personnel dans le courant de la semaine qui suit votre engagement.
Pour la bonne règle, nous vous demandons de bien vouloir retourner le double de cette lettre en faisant précéder votre signature de la mention « Lu et approuvé ».

Nous espérons que notre collaboration sera fructueuse et vous prions de croire, M......, à l'assurance de nos sentiments distingués.

À ...., le ....

Le Chef du Personnel

Promesse d'embauche

Entre les soussignés :

– La société ......, dont le Siège social est situé à ......
Représentée par M...... d'une part,

– Et M......
Demeurant à ...... d'autre part.

Il a été arrêté ce qui suit :

La Société ...... s'engage à établir au profit de M...... un contrat de travail dont les conditions sont les suivantes :
Le contrat prendra effet le ....

Il sera établi sans limitation de durée mais comportera une période d'essai de .... mois.

M...... occupera la fonction de .... au coefficient .... de la Convention collective de .... Les tâches essentielles seront fixées dans ce contrat. En contrepartie de sa fonction, M...... percevra une rémunération de ....

Le présent accord deviendra caduc au cas où M...... ne serait pas libre de tout engagement vis-à-vis de son employeur actuel, à la date prévue d'effet du contrat de travail, soit le ....

Fait à ....
L'an mil neuf cent quatre vingt....

Pour la Société

Le salarié

(Signature précédée de la mention manuscrite
« Lu et approuvé – Bon pour accord »)

Lettre de recommandation

Une entreprise peut être amenée à rédiger une lettre de recommandation en faveur d'un de ses anciens salariés qui se trouve à la recherche d'un nouvel emploi. Cette lettre de recommandation est une démarche volontaire qui engage moralement l'entreprise.

Objet de la lettre

☐ Cette lettre a pour objet de donner des informations sur le candidat à un emploi dans une autre entreprise. Elle a un caractère privé et confidentiel. Les renseignements donnés peuvent être neutres. Mais si le candidat est une personne dont la société était très satisfaite, la lettre peut être élogieuse. On peut rappeler ses qualifications et il est d'usage de décrire son poste dans la société, ainsi que son profil personnel.

☐ La lettre de recommandation doit, si possible, indiquer les liens que le rédacteur de la lettre entretient (ou entretenait) avec la personne qu'il recommande. La personne qui recommande une autre personne peut décrire le contexte professionnel dans lequel il a côtoyé le salarié recommandé. Les remarques générales doivent être étayées par des faits précis.

Plan de la lettre

1. Annoncer l'objet de la lettre
2. Indiquer immédiatement la ou les fonctions occupées par la personne à recommander
3 .Donner votre impression personnelle sur les qualités et éventuellement sur les défauts du candidat
4. Conclure sur une appréciation générale du candidat

Modèle de lettre de recommandation d'un avocat

Monsieur le Directeur,

Je me permets de vous recommander Étienne Leroux, avocat. Étienne Leroux est le frère de mon associé décédé il y a quelques années et j'ai pu le suivre tout au long de ses études de Droit.
Il a débuté dans mon cabinet et a eu la charge du suivi des dossiers de contentieux. Il a participé également à la négociation de contrats juridiques particulièrement difficiles et complexes.
J'ai pu apprécié les qualités de juriste d'Étienne Leroux durant ces années. C'est un jeune homme dynamique et rigoureux. Sa connaissance approfondie du droit des sociétés, son esprit méthodique et son sens du dialogue en font un collaborateur hors pair.
Mais ce sont avant tout ses motivations profondes que j'estime le plus en lui. Il présente donc toutes les garanties de haute tenue morale et de respect de l'éthique de notre profession.

Recevez, Monsieur le Directeur, l'expression de mes sentiments les meilleurs.

EXEMPLE DE LETTRE

Dominique Perrotti
15 avenue Montaigne
75008 Paris

Société X....
À l'attention de X....
21, rue du Bourg-Tibourg
75004 Paris

Paris, le ....

Objet :
Lettre de recommandation

M....

G. W......, qui a postulé pour un emploi de ...., m'a demandé d'appuyer sa demande auprès de vous.

Je le fais avec plaisir. En effet, G. W..... fut un de nos plus brillants collaborateurs au Service Formation de notre entreprise du ..... au ..... Une restructuration de notre société nous a obligés à nous séparer de ce pédagogue hors pair.

G. W...... possède non seulement des compétences professionnelles indéniables, mais également des qualités humaines et un grand sens des responsabilités au sein d'une équipe de travail.

C'est donc sans réserve aucune que nous vous recommandons G. W......

Veuillez agréer,...

Signature

Convocation aux réunions de délégués du personnel

Le chef d'entreprise ou ses représentants doit prendre l'initiative d'une réunion mensuelle avec les délégués du personnel.

Objet de la lettre

□ Avertir les délégués du personnel de la date de la prochaine réunion mensuelle plénière. Cette note est une convocation adressée à tous les délégués. Elle peut être une lettre simple, remise directement ou envoyée, ou encore envoyée en recommandé.
□ En dehors de cette réunion mensuelle, les délégués du personnel peuvent être reçus en cas d'urgence, sur leur demande, par l'employeur.

Cadre juridique

□ Le chef d'entreprise ou d'établissement ou son représentant doit réunir impérativement les délégués du personnel au minimum une fois par mois. L'initiative de cette réunion lui appartient et il doit en fixer la date. Le non-respect de cette obligation constitue un délit d'entrave.
□ Participent à cette réunion :
– le chef d'entreprise qui, normalement, préside la réunion.
– les délégués du personnel élus, c'est-à-dire les délégués titulaires et suppléants.
– un ou plusieurs collaborateurs du chef d'entreprise, à condition que le nombre de ses collaborateurs ne soit pas supérieur au nombre des délégués du personnel.
– un représentant syndical appartenant à l'entreprise ou extérieur à l'entreprise.
La date de la réunion doit être fixée suffisamment à l'avance pour que les délégués aient le temps de remettre à l'employeur les réclamations du personnel (2 jours avant la réunion selon le Code du Travail).

Plan de la convocation

1. Préciser l'émetteur, c'est-à-dire l'employeur
2. Indiquer le destinataire et préciser que la convocation est envoyée aux autres participants à la réunion mensuelle
3. Donner la date de la réunion et rappeler l'obligation faite aux délégués du personnel de remettre une note écrite avant cette réunion (rappel de la loi)

Lexique

Assemblée plénière : assemblée qui siège de plein droit, avec la présence de tous ses membres. Ici, tous les membres de droit sont les délégués du personnel et le chef d'entreprise.

Délit d'entrave : infraction commise par un employeur empêchant ou tentant d'empêcher les différentes institutions représentant le personnel (syndicat, délégué...) d'exercer leurs droits.

MODÈLE DE CONVOCATION

Nyons, le ....

Du Directeur de l'Établissement :
M. X......

À J. P Y...... : Délégué du Personnel
Convocation envoyée à : Messieurs ....
....
....
....
....

Monsieur,

Nous vous informons que la prochaine réunion mensuelle des délégués du personnel de l'établissement aura lieu le ..... à ..... dans la salle Pasteur.

Conformément aux dispositions de l'article L. 424.5 du Code du Travail, nous vous rappelons que vous devez nous remettre une note écrite avant le ..... (*deux jours ouvrables avant la réunion*).

Nous vous remercions de votre collaboration.

Le Directeur,

M. X......

Élections des représentants du personnel

Les représentants du personnel sont de trois ordres : les délégués syndicaux, les délégués du personnel et les délégués au comité d'entreprise. Seuls les deux derniers sont élus.

Les obligations légales

☐ La présence de ces élus du personnel est obligatoire dans les entreprises :
– à partir de 11 salariés pour les délégués du personnel ;
– à partir de 50 salariés pour le comité d'entreprise.

☐ Les élections de délégués du personnel ont lieu tous les deux ans comme celles des délégués au comité d'entreprise. L'initiative des élections incombe à l'employeur. Mais elles peuvent être aussi demandées par un salarié ou une organisation syndicale représentative.

Cadre juridique de l'organisation des élections

☐ Pour organiser ces élections, le chef d'entreprise doit informer le personnel par voie d'affichage en précisant la date envisagée pour le premier tour. Il doit également négocier un protocole d'accord préélectoral avec les organisations syndicales présentes dans l'entreprise ou les organisations syndicales représentatives au niveau national. L'accord doit être conclu par toutes ces organisations. L'employeur établit lui-même le protocole s'il n'a pas d'interlocuteurs syndicaux.

☐ Le protocole d'accord préélectoral doit contenir :
– les modalités d'organisation et de déroulement des élections (respect des principes généraux du droit électoral : propagande électorale, neutralité de l'employeur) ;
– la répartition du personnel et des sièges entre les collèges : deux collèges en général :
– le premier pour les ouvriers et les employés,
– le deuxième pour les ingénieurs, agents de maîtrise et chefs de service (un seul collège dans les élections de D.P. dans les entreprises de moins de 25 salariés) ;
– éventuellement des dispositions plus favorables aux salariés que les dispositions légales (par ex. : nombre plus important de représentants du personnel).

Lexique

Organisation syndicale représentative : La représentativité d'une organisation syndicale est déterminée d'après les critères suivants : ses effectifs, son indépendance vis-à-vis des employeurs, les cotisations qu'elle perçoit, son expérience et son ancienneté, son attitude patriotique pendant l'Occupation (art. L. 133.2 du Code du Travail).

QUELQUES EXEMPLES DE NOTES

Modèle de note informant les organisations syndicales représentatives de l'entreprise de l'organisation d'élections de délégués du personnel

Paris, le .....

Destinataires : Section Syndicale CGT-FO
Section Syndicale CGT
Section Syndicale CGC

NOTE DE SERVICE N°.....

Notre Société entre dans le champ d'application de l'article L. 421-1 du Code du Travail. En conséquence, nous tenons à vous informer de l'organisation d'élections de délégués du personnel dans notre entreprise.
Nous vous invitons donc à prendre contact avec M. X....., Directeur, avant le ..... afin de négocier le protocole d'accord préélectoral relatif aux modalités de ces élections.
Si aucune organisation syndicale ne s'est manifestée à cette date, nous considérerons que le premier tour de scrutin des élections de D.P. aura lieu le .....

La Direction

Modèle de note relative à la date des élections des représentants du personnel

Paris, le .....

Destinataire : **à tout le personnel**

Objet : Élection des Délégués du Personnel

NOTE DE SERVICE N°

Les élections des délégués du personnel auront lieu le ..... de ..... heures à ..... heures pour le premier collège (ouvriers, employés) et de ..... heures à ..... heures pour le second collège (agents de maîtrise, techniciens, cadres) au ..... (*indiquer le lieu du scrutin qui peut être le restaurant d'entreprise, une salle de réunion, etc.*).

Les organisations syndicales représentées dans l'entreprise doivent déposer les listes des candidats auprès de la Direction des Ressources Humaines au plus tard le ..... (*quinze jours avant le scrutin*).

Les membres du personnel absents pour motif régulier à la date du scrutin pourront voter par correspondance. Ils seront avisés par courrier personnel des modalités du vote.

Les contestations relatives à l'électorat et à la régularité des opérations électorales relèvent du Tribunal d'Instance de ..... (*indiquer le lieu de compétence territoriale*) et ce dans les quinze jours qui suivent la publication des résultats de ces élections.

La Direction des Ressources Humaines

Demande de congé

Le congé est un droit essentiel de tout salarié qui, réglementé par le Code du Travail peut être rémunéré ou non et en ce qui concerne sa demande, elle reste, dans la plupart des cas, soumise à l'accord de l'employeur.

Objet de la lettre

Demander à son employeur une autorisation d'absence. Cette demande de congé est le plus souvent écrite.
La demande doit être motivée et peut avoir des causes très diverses : congé pour convenances personnelles, pour événements familiaux (mariage, décès d'un proche, etc.), pour élever un enfant, pour suivre une formation professionnelle ou syndicale, etc.
La demande d'autorisation d'absence doit être faite, de préférence, par lettre recommandée avec accusé de réception.

Cadre juridique

La demande de congé la plus courante se fait dans le cadre des congés payés. Ceux-ci constituent un droit essentiel de tout salarié mais leur date et l'ordre des départs relèvent de la décision de l'employeur. En pratique, cela signifie que même si l'employeur recueille les souhaits des salariés qui « posent leurs congés », un salarié n'a aucun moyen d'imposer les dates de son choix.
Les autres demandes de congés (congé sabbatique, congé parental, congé pour création d'entreprise, etc.) obéissent à des règles précises, qu'il est possible de demander au service du personnel, à l'inspecteur du travail, ou de trouver dans la convention collective.

Plan de la lettre

1. Annoncer son intention de prendre un congé en spécifiant le type de congé demandé
2. Motiver sa demande en s'appuyant sur la loi existante
3. Préciser la durée et la date de début du congé
4. Conclure en espérant l'accord ou en attendant une réponse de votre employeur

Lexique

Événements familiaux : entrent dans cette catégorie : le mariage du salarié, le décès du conjoint ou d'un enfant, le mariage d'un enfant, le décès du père ou de la mère du salarié.

Congé sabbatique : congé sans solde (sauf disposition conventionnelle le prévoyant) pouvant être accordé à un salarié ayant au moins 36 mois de présence dans l'entreprise et 6 ans d'activité professionnelle.

Congé parental : congé non rémunéré accordé à l'un des deux parents pour élever son enfant jusqu'à l'âge de trois ans. Durée initiale de un an, pouvant être prolongée deux fois.

QUELQUES EXEMPLES

Modèle de demande de congé parental

Jean-Pierre Aumond
15 rue du Bourg
21000 Dijon

Lettre recommandée
avec accusé de réception

Objet :
Demande de congé parental

Dijon, le .....

Monsieur,

Mon congé de maternité prendra fin le ..... prochain. Je désirerais bénéficier d'un congé parental d'éducation pour élever mon enfant.
Je vous demande donc de suspendre mon contrat de travail pour une durée de 1 an à compter du ..... (1er jour après la fin du congé de maternité) conformément à l'article L. 122-28-1 du Code du Travail.
Conformément à la loi, je réintégrerai mes fonctions à l'issue de cette période. Il m'appartiendra d'en faire la demande par lettre recommandée au plus tard un mois avant la fin de mon congé parental.
Dans l'attente de votre accord, je vous prie d'agréer, Monsieur, l'assurance de ma considération distinguée.

Modèle de congé pour convenances personnelles

Lettre recommandée
avec accusé de réception

Objet :
Congé sabbatique

Dijon, le 15 avril 199.

Monsieur,

J'ai l'honneur de solliciter un congé pour convenances personnelles d'une durée de six mois.
Mes congés annuels se terminant le 15 août 199., ce congé sabbatique débutera le 16 août 199.
Conformément à l'article L. 122-32-32-21 du Code du Travail, je réintégrerai mes fonctions dans les mêmes conditions.
Dans l'attente de votre réponse, je vous prie de croire, Monsieur, à l'assurance de ma considération distinguée.

Demande de congé individuel de formation

Le congé individuel de formation (C.I.F.) est un droit reconnu à tout salarié quelque soit son secteur d'activité (Art. L.931.1 du Code du Travail).

Cadre juridique

Ce congé se fait soit dans le cadre du plan de formation, soit dans le cadre du congé de formation.

Ce congé peut s'accomplir en tout ou partie pendant le temps de travail. Étant assimilé à une période de travail, il ne peut être imputé sur la durée des congés payés.

Ce congé ne rompt pas le contrat de travail : il ne fait que le suspendre.

☐ Tout salarié peut demander un congé individuel de formation pour suivre une action de formation. Il doit remplir deux conditions :

– avoir 24 mois d'ancienneté consécutifs ou non dans la branche professionnelle dont 12 mois dans l'entreprise (36 mois dans la branche, 12 mois dans l'entreprise pour les entreprises artisanales de moins de 10 salariés) ;

– respecter un délai de franchise entre deux congés individuels de formation.

La durée est limitée à 1 an pour les stages continus à plein temps ; à 1 200 h pour les stages à temps partiels.

Le salarié en congé individuel de formation continue à percevoir son salaire (en règle générale 80 % de son salaire brut initial) si ce congé reçoit l'accord d'un organisme paritaire agréé par l'État.

☐ Le salarié doit faire sa demande de congé individuel de formation dans les délais suivants :

– 4 mois avant le stage, si le stage est à plein temps et supérieur à 6 mois.

– 2 mois avant le début du stage, si le stage est inférieur à 6 mois. L'employeur dispose d'un droit de report (voir page 122).

Plan de la lettre

1. Demande de congé individuel de formation avec rappel de la loi
2. Dates du congé et présentation de l'organisme de formation
3. Conclusion en mettant en évidence l'intérêt de ce congé de formation pour l'entreprise.

Lexique

Commission paritaire : assemblée composée de représentants de l'État et de représentants des syndicats représentatifs de salariés et d'employeurs chargée de donner des agréments et de contrôler les organismes de formation. Ex. : Opacif.

Plan de formation : ensemble des actions de formation prévues par l'entreprise pour une période déterminée. Le Comité d'entreprise est consulté sur la façon dont s'est déroulé le plan de l'année précédente et sur le projet de plan de l'année à venir.

MODÈLE DE DEMANDE

Dominique Blanchard
15 rue Sourice
75012 Paris

Service .....

M. X.....
Direction
des Ressources
Humaines

Paris,
le ....

Objet :
Demande de Congé Individuel
de Formation

M......,

Conformément à la loi du .... 1971, je me permets de solliciter un congé individuel de formation.

Ce stage se déroulera du .... au ....

Il est organisé par la Chambre de Commerce et d'Industrie de Paris et présente toutes les garanties de sérieux nécessaires. Il est d'ailleurs agréé par la Commission Paritaire de l'Emploi de notre profession.

Ce congé entraînera donc mon absence du .... au ....

Ce stage doit me permettre d'améliorer mes compétences professionnelles nécessaires à notre entreprise.

Veuillez agréer, M......, mes salutations distinguées.

Signature

Réponse à une demande de congé formation

Le traitement des demandes de congé individuel de formation relève du service du personnel d'une entreprise qui doit gérer au mieux ces demandes.

Objet de la lettre

Répondre à la demande d'un salarié de l'entreprise ayant postulé pour un congé individuel de formation plus ou moins long. La lettre doit faire figurer l'accord, le report ou le refus de l'employeur. Le refus et le report doivent être motivés. Elle peut être rédigée sous forme de lettre type (si l'entreprise a un logiciel de traitement de texte à sa disposition).

Cadre juridique

L'employeur ne peut refuser à un salarié un congé individuel de formation sans motif valable. Il doit s'appuyer sur des dispositions légales pour le faire. Le refus d'accorder à un salarié un congé formation peut avoir pour origine les conditions non requises de la part du salarié (voir page 121). Ce refus peut avoir aussi pour origine des conditions relatives à l'entreprise. Celle-ci peut reporter le congé de formation d'un salarié dans les cas suivants :

– dans les entreprises de moins de 10 salariés : si un autre salarié est déjà en congé individuel de formation ;

– dans les entreprises de moins de 200 salariés : si le nombre d'heures de congés dépasse 2 % du nombre d'heures de travail travaillées dans l'année ;

– dans les entreprises de plus de 200 salariés : si le nombre de salariés en congé de formation dépasse 2 % de l'effectif total.

Plan de la lettre

1. Rappeler la demande de congé du salarié en indiquant précisément le type de stage demandé ainsi que sa durée
2. Donner l'accord pour ce congé ou indiquer le refus en le motivant
3. Demander au salarié de faire les démarches nécessaires pour ce congé ou, dans le cas d'un refus, lui demander de renouveler sa demande ultérieurement
4. Formule de politesse

Formules types

Dans le cadre d'un refus, on peut indiquer : « Nous avons le regret de vous informer que votre demande ne peut être satisfaite car votre ancienneté dans notre société n'est pas suffisante (art. L. 931-2 du Code du Travail) » ; ou « Nous avons le regret de vous informer que votre demande ne peut être satisfaite pour l'instant car vous avez déjà suivi un stage de ..... (*indiquer le type de stage suivi*) du ..... au ..... (*indiquer la date*). Or, le délai de franchise réglementaire (art. L. 931-2 du Code du Travail) n'est pas écoulé. »

QUELQUES EXEMPLES

Modèle d'accord de congé individuel de formation

G.M.I.
45 bd Malesherbes
75008 Paris

Service du Personnel

Christelle Desbois
Service Comptabilité

Objet :
V/Demande du .....

Paris, le .....

Madame,

Vous avez souhaité bénéficier d'un congé individuel de formation pour suivre un stage de ..... (*type de stage*) du ..... au ..... (*indiquer la durée du stage*)
Nous avons le plaisir de vous annoncer que votre demande a été retenue.
Nous vous demandons de bien vouloir prendre contact avec notre service afin de mettre au point votre dossier.

Veuillez croire, Madame, à nos salutations distinguées.

Modèle de refus de congé individuel de formation

G.M.I.
45 bd Malesherbes
75008 Paris

Service du Personnel

Christian Desrues
Service Commercial

Objet :
V/Demande de congé-formation

Paris, le .....

Monsieur,

Vous avez souhaité bénéficier d'un congé individuel de formation pour suivre un stage de ..... (*type de stage désiré*) du ..... au ..... (*durée du stage*)
Nous avons le regret de vous informer que votre demande ne peut être satisfaite pour le moment.
En effet, 2 % de nos effectifs seront déjà en formation à cette date (art. L. 931-3 du Code du Travail).
Par conséquent, nous vous demandons de bien vouloir renouveler votre demande ultérieurement.

Veuillez agréer, Monsieur, nos salutations distinguées.

Le Directeur du Personnel,

Renouvellement/ non renouvellement du CDD

Le contrat à durée déterminée (CDD) est obligatoirement un contrat écrit contenant des indications détaillées obligatoires. Ce type de contrat obéit à des règles précises de renouvellement.

Objet de la lettre

Spécifier au salarié que son contrat de travail est renouvelé ou non pour une durée précisée ou non.

Cadre juridique

☐ Une entreprise peut recourir à l'embauche d'un salarié par l'intermédiaire d'un CDD pour l'exécution d'une tâche précise et temporaire et seulement dans les cas prévus par la loi (remplacement d'un salarié absent, accroissement temporaire de l'activité de l'entreprise, emplois à caractère saisonnier,...). Le recours au CDD est interdit pour remplacer un salarié en grève, pour des travaux dangereux ou dans les six mois suivant un licenciement pour motif économique.

☐ Le contrat peut être conclu avec un terme précis. Il peut aussi être conclu pour une durée minimale et ne pas comporter de terme précis.

Attention : si le salarié reste dans l'entreprise après échéance du contrat, celui-ci devient un contrat à durée indéterminée.

☐ Le renouvellement d'un CDD ne peut se faire qu'une seule fois, dans les limites de la durée maximale prévue par la loi. Si le contrat a un terme précis, le salarié doit demander à l'employeur de le fixer sur ses intentions quant à la poursuite de la relation de travail.

☐ Si au contraire, le CDD n'est pas renouvelé, l'employeur peut adresser au salarié la lettre ci-contre, mais cette formalité n'est nullement obligatoire.

Plan de la lettre de renouvellement

1. Annoncer le renouvellement du contrat
2. Spécifier la durée du nouveau contrat de façon précise
3. Donner le motif du renouvellement
4. Préciser les conditions financières du contrat
5. Demander au salarié de renvoyer le double de ce nouveau contrat

---

Lexique

Terme précis : la date d'échéance est fixée dès la conclusion du contrat.

Terme imprécis : la date d'échéance n'est pas fixée lors de la signature du contrat ; seule une durée minimale figure dans le contrat.

Emploi saisonnier : activité n'ayant lieu d'être qu'à certaines saisons (vendanges, cueillette de fruits...).

EXEMPLES

Modèle de lettre de renouvellement de contrat à durée déterminée

Lettre recommandée avec accusé de réception

M.....

Nous avons l'honneur de vous faire part de notre intention de renouveler le contrat à durée déterminée qui vous lie à notre société jusqu'au .....

Après accord de votre part, ce contrat de travail vous sera renouvelé pour une durée déterminée de ..... mois, du ..... au ..... 199.

Ce renouvellement est nécessité par ..... (*donner le motif exact entrant dans les cas de recours au CDD*).

Nous vous précisons que ce renouvellement se fera aux mêmes conditions que celles prévues dans votre contrat initial, sans période d'essai.

Au terme de ce renouvellement, fixé le ....., il vous sera versé une indemnité de fin de contrat égale à 6 % du montant de la rémunération totale brute que vous aurez perçue pendant votre période de renouvellement.

Si ces conditions vous conviennent, nous vous demandons de bien vouloir nous retourner, avant le ..... (*au plus tard la date de fin du contrat initial*), un exemplaire de cette lettre revêtu de la mention manuscrite « Lu et approuvé », daté et signé.

Veuillez agréer, M....., nos salutations distinguées.

Modèle de lettre de non-renouvellement de contrat à durée déterminée

M.....,

Nous avons signé un contrat à durée déterminée le ..... Ce contrat arrive à expiration le ..... 19..

Le salarié que vous remplacez reprend son poste le ..... Votre contrat se terminera donc à l'échéance prévue, c'est-à-dire le ....., date à laquelle vous quitterez l'entreprise.

Il vous sera remis votre bulletin de salaire, sur lequel figurera votre indemnité de fin de contrat égale à 6 % de la rémunération totale brute perçue pendant la durée de votre contrat. Vous recevrez également un certificat de travail et votre reçu pour solde de tout compte.

Veuillez croire, M....., à l'assurance de nos sentiments distingués.

Rupture anticipée du CDD

Un contrat à durée déterminée (CDD) ne prend normalement fin qu'à l'arrivée de son terme ou lorsque le travail pour lequel il avait été conclu est terminé. Mais il existe des cas de rupture anticipée, assortis de multiples réserves.

Cadre juridique

☐ En règle générale, un CDD ne peut être rompu avant terme sauf accord des parties, faute grave de l'une d'elles, cas de force majeure ou par voie judiciaire. L'insuffisance professionnelle ne justifie pas la rupture anticipée, sauf si celle-ci met en péril le bon fonctionnement de l'entreprise.

☐ En cas de rupture anticipée injustifiée par l'employeur, le salarié a droit à des dommages-intérêts d'un montant au moins égal aux rémunérations qu'il aurait perçues jusqu'au terme de son contrat, ainsi que l'indemnité de fin de contrat égale à 6 % des rémunérations totales et des dommages-intérêts. En cas de rupture anticipée injustifiée par le salarié, l'employeur peut prétendre à des dommages-intérêts dont le montant est fixé par le juge. La rupture anticipée pour faute grave est soumise à la procédure disciplinaire habituelle. L'employeur doit donc convoquer le salarié à un entretien préalable (voir lettre de convocation à un entretien préalable).

Modèle de courrier

faisant suite à la rupture anticipée du CDD du fait du salarié.

Lettre recommandée avec accusé de réception

M.....

Par votre courrier du ....., vous nous avez informé de votre décision de rompre unilatéralement le contrat de travail à durée déterminée qui vous liait à notre société jusqu'au .....
Nous vous rappelons que la réglementation ne permet pas une rupture anticipée d'un tel contrat sauf accord des deux parties, faute grave ou cas de force majeure.
Cette situation cause un grave préjudice au bon fonctionnement de notre entreprise et nous nous réservons le droit de donner suite à votre attitude afin d'obtenir un juste dédommagement de cette rupture brutale.
Nous vous prions d'agréer, M....., nos salutations distinguées.

Lexique

Rupture anticipée : rupture avant terme d'un contrat de travail.

Faute grave : faute dont la gravité rend impossible la poursuite du contrat de travail. Ex. : perte de dossiers importants, abandon de poste, absences répétées et injustifiées.

Force majeure : événement imprévisible et inévitable. Ex. : décès du salarié. En revanche, le ralentissement de l'activité de l'entreprise ou sa cessation d'activité temporaire ne constitue pas un cas de force majeure autorisant la rupture anticipée du CDD.

EXEMPLE

Modèle d'accord de résiliation amiable d'un contrat à durée déterminée

Entre les soussignés :

La Société ......, dont le Siège social est situé à ..... immatriculée au Registre du Commerce et des Sociétés de ......, sous le numéro .....

Représentée par M......, (qualité), ayant tous pouvoirs à l'effet des présentes.

D'une part,

– Et M......, demeurant à ......

D'autre part,

Il a été convenu et arrêté ce qui suit :

Les parties au présent accord conviennent, d'un commun accord, dans le cadre des dispositions de l'article L. 122-3-8 du Code du Travail, de rompre par anticipation le contrat à durée déterminée conclu entre elles le .... et qui devait arriver à expiration le .....

En conséquence, la date de cessation des relations contractuelles sera le ....

Fait à ...., en double exemplaire,

Dont un pour chaque partie,

L'AN MIL NEUF CENT QUATRE VINGT ....

le ....

Pour la Société,
M......

Le salarié
M......

Lettre d'avertissement ou de mise à pied

L'avertissement ou la mise à pied font partie du pouvoir disciplinaire que possède l'employeur vis-à-vis d'un salarié à l'intérieur de l'entreprise.

Objet de la lettre

Notifier par écrit la sanction prise à l'encontre d'un salarié.

Cadre juridique

☐ Du jour où il a connaissance d'un fait fautif du salarié, l'employeur a deux mois pour engager des poursuites disciplinaires. Aucune sanction ne peut être prise sans que le salarié ne soit informé, par écrit, des faits qui lui sont reprochés.
☐ Lorsque la sanction prononcée est mineure telle que : un avertissement, un blâme ou un rappel à l'ordre, l'employeur doit seulement informer le salarié, par écrit, des griefs retenus contre lui. La lettre est remise soit en main propre contre décharge, soit par lettre recommandée avec accusé de réception. Le principe est : une seule sanction pour une même faute.

Procédure

☐ Lorsque la sanction a une incidence, immédiate ou non, sur la présence dans l'entreprise, la fonction, la carrière ou la rémunération du salarié, l'employeur est tenu de respecter la procédure suivante :
1. l'employeur doit convoquer le salarié à un entretien préalable par lettre (comme dans le cas de l'entretien préalable à un licenciement). Le salarié pourra se faire assister d'une personne appartenant obligatoirement à l'entreprise.
2. Lors de l'entretien, l'employeur indique le motif de la sanction envisagée et recueille les explications du salarié.
3. La notification de la sanction ne peut intervenir moins d'un jour franc, ni plus d'un mois, après le jour fixé pour l'entretien ; elle doit être motivée et notifiée soit par lettre remise en main propre contre décharge, soit par lettre recommandée.
☐ Les amendes ou autres sanctions pécuniaires sont interdites. Mais une sanction peut avoir des conséquences pécuniaires. Exemple : une rétrogradation disciplinaire entraîne un changement de fonction, cause d'une diminution de rémunération du salarié sanctionné.

Lexique

Blâme : réprimande sévère inscrite au dossier d'un salarié.

Avertissement : observation écrite destinée à appeler l'attention d'un salarié sur un comportement négatif professionnel ou non dans l'entreprise.

Mise à pied : suspension temporaire du contrat de travail, sans rémunération.

Mise à pied conservatoire : suspension du contrat de travail, sans rémunération, dans l'attente du licenciement d'un salarié pour faute grave.

LETTRES D'AVERTISSEMENT, DE CONVOCATION À L'ENTRETIEN PRÉALABLE

Modèle de lettre d'avertissement

Entreprise ......
Adresse ......

À ...., le .... 199.

M ......
Adresse ......

M ......

Le ...., vous avez commis les faits suivants ...... (*énoncé précis des griefs*). Ces faits constituent un manquement à la discipline générale (*ou aux règles d'hygiène et de sécurité*) prévue dans le règlement intérieur (art....).
Nous vous demandons en conséquence de considérer cette lettre comme un avertissement.
Nous espérons que vous vous conformerez à nos observations.
Recevez, M ......, nos salutations distinguées.

Signature

Modèle de lettre de convocation à l'entretien préalable

Monsieur,

En application de l'article L.122-41 du Code du Travail, nous vous prions de vous présenter au bureau de M ......, le .... à .... heures à la Direction des Ressources Humaines en vue d'un entretien préalable à sanction.
En effet, suite à ...... (*indiquer clairement les faits reprochés*), nous envisageons l'application d'une sanction de mise à pied à votre égard.
Nous vous rappelons que vous pouvez vous faire assister par une personne de votre choix appartenant au personnel de l'entreprise.

Veuillez agréer, ...

Le ...., à ....
Signature de l'employeur

Licenciement : entretien préalable

Les licenciements individuels se font pour motif personnel ou motif économique avec des règles juridiques strictes : 1. entretien préalable. 2. notification écrite du licenciement.

Objet de la lettre

Convoquer un salarié à un entretien préalable afin de lui indiquer le ou les motifs de la décision envisagée. Cet entretien équivaut à une tentative de conciliation. Il peut aboutir au licenciement.

Cadre juridique

☐ Cette procédure s'applique à tout salarié de n'importe quelle entreprise, quelle que soit sa taille et l'ancienneté du salarié. Elle ne s'adresse qu'au salarié bénéficiant d'un contrat de travail à durée indéterminée et après expiration de sa période d'essai.

☐ Au cours de l'entretien préalable, l'employeur (ou son représentant) doit indiquer au salarié le ou les motifs de licenciement. Ce dernier peut se faire assister d'une personne de son choix (très souvent un représentant du personnel) appartenant ou non à l'entreprise (voir modèle p. 131).

☐ L'entretien préalable à un licenciement est également obligatoire pour un licenciement économique de un à neuf salariés, et doit être accompagné de la consultation du comité d'entreprise ou à défaut du délégué du personnel ; pour le licenciement à partir de dix salariés, l'entretien individuel n'est pas obligatoire.

☐ La lettre de convocation à cet entretien doit être envoyée au domicile du salarié par lettre recommandée avec avis de réception ou remise en main propre en échange d'une décharge écrite du salarié.

Plan de la lettre

1. Annonce du projet de licenciement
2. Rappel de l'article du Code du Travail correspondant à ce cas et convocation à un entretien précisant la date, l'heure et le lieu de la convocation
3. Notification des droits du salarié lors de cet entretien.

Lexique

Période d'essai : période du contrat de travail précédant l'embauche éventuelle. Pendant celle-ci, chacune des parties contractantes est libre de rompre ce contrat sans motif.

Motif du licenciement : ce motif doit être réel et sérieux. Il doit pouvoir être prouvé (vol, violence, absences non justifiées, retards...) et revêtir une certaine gravité (une incompatibilité d'humeur entre un supérieur hiérarchique et son subordonné n'est pas une cause sérieuse et réelle).

MODÈLE DE LETTRE

Lettre de convocation à un entretien préalable

G.M. DÉCORATION
BP 203 – ZI Les Islettes
93200 Saint-Denis

Lettre recommandée avec A.R.

M.

Objet :
Convocation à un entretien préalable

Saint-Denis,
le ....

M......,

Nous avons le regret de vous informer que nous envisageons de procéder à votre licenciement.

En application des dispositions de l'article L. 122.14 du Code du Travail, nous vous demandons de bien vouloir vous présenter :

le .... à .... h Bureau .... pour un entretien.

1. (*S'il y a des représentants du personnel dans l'entreprise*) Nous vous précisons que vous avez la possibilité de vous faire assister, lors de cet entretien, par toute personne de votre choix appartenant au personnel de l'entreprise.
2. (*S'il n'y a pas de représentants du personnel dans l'entreprise*) Nous vous précisons que vous avez la possibilité de vous faire assister, lors de cet entretien, par la personne de votre choix appartenant à l'entreprise ou par une personne extérieure à l'entreprise choisie sur la liste de conseillers dressée à cet effet par la préfecture.

Veuillez agréer, M......, l'expression de nos sentiments distingués.

Le Directeur,

Notification du licenciement individuel

Cette lettre fait suite à l'entretien préalable entre l'employeur et le salarié. Elle est obligatoire lors d'un licenciement individuel pour motif personnel ou lors d'un licenciement économique.

Objet de la lettre

Notifier à un salarié son licenciement. C'est une lettre qui doit respecter des contraintes juridiques strictes, différentes selon le motif de licenciement.

Cadre juridique

□ Il existe plusieurs grandes catégories de motifs de licenciement :
– l'inaptitude professionnelle : dans ce cas, l'employeur n'est pas tenu de donner le motif du licenciement. Mais si le salarié en fait la demande par écrit, l'employeur est obligé d'y répondre par lettre ;
– la faute légère (retards occasionnels répétés, envois tardifs de certificats médicaux) : le motif du licenciement doit figurer dans la lettre ;
– la faute grave (refus d'obéissance, négligences graves, indélicatesses, injures envers un supérieur hiérarchique) : là aussi, le motif du licenciement doit figurer dans la lettre ;
– la faute lourde (sabotage, appropriation de marchandises, détournement de clientèle) : le motif du licenciement doit figurer dans la lettre.
□ La lettre doit être envoyée en recommandé avec accusé de réception. Sa date de présentation (et non de réception) fixe le point de départ du délai de préavis. L'employeur doit respecter ce délai de préavis vis-à-vis de l'employé qu'il licencie, sauf dans le cas de faute lourde.

Plan de la lettre

1. Notification du licenciement après rappel de la date de l'entretien préalable
2. Motif du licenciement (si faute)
3. Indication de la date du congé ou fin de préavis

Lexique

Préavis ou délai-congé : c'est la période durant laquelle le salarié fait toujours partie de l'entreprise bien que l'une des deux parties ait décidé de rompre le contrat de travail. La fin du préavis coïncide avec le départ du salarié.

Certificat de travail : attestation de présence donnée à tout salarié quittant l'entreprise. Il doit mentionner le poste occupé, la durée du contrat.

MODÈLES DE LETTRE DE LICENCIEMENT

Lettre recommandée avec A.R.

M.....

Objet : licenciement

Saint-Denis, le ....

M......,

Suite à notre entretien du ...., nous avons le regret de vous confirmer que nous sommes contraints de procéder à votre licenciement pour faute grave à compter du ....

En effet, vous n'avez pas tenu compte de nos nombreux avertissements écrits relatifs à vos absences répétées. Votre comportement perturbe gravement le fonctionnement du service.

Votre préavis débutera à compter du .... et s'achèvera le ...., date à laquelle vous ne ferez plus partie du personnel de notre société.

Vous recevrez un certificat de travail et un reçu pour solde de tout compte lors de votre dernier règlement.

Recevez, M......, nos salutations distinguées.

Lettre recommandée avec A.R.

Lieu,
le ....

M......,

À la suite de l'entretien préalable que nous avons eu le ...., nous avons le regret de vous signifier votre licenciement pour les motifs qui ont été exposés lors de cette entrevue.

Conformément à l'article L. 122-14-1 du Code du Travail, la présentation de cette lettre recommandée fixe le point de départ de votre préavis d'une durée de ....

Comme vous nous l'avez demandé, nous vous dispensons de l'exécution de ce préavis. Nous vous rappelons que cette dispense de préavis n'avance pas pour autant la date de cessation de nos relations contractuelles ; celles-ci ne prendront fin qu'à l'issue du préavis non travaillé.

Vous recevrez un certificat de travail et un reçu pour solde de tout compte à l'issue du préavis.

Nous vous prions d'agréer, M......, nos salutations distinguées.

Certificat de travail

Le certificat de travail est le document obligatoirement remis par l'employeur au salarié à l'expiration de son contrat de travail quelle que soit la cause de la rupture de ce contrat. Ce document établit la preuve d'une activité salariée et est généralement demandée par certains organismes (ANPE, CPAM).

Présentation du document

Il doit être écrit de façon lisible, le plus généralement tapé à la machine. Il n'est soumis à aucune forme particulière et peut être rédigé sur papier libre ou sur le papier à en-tête de l'entreprise.

Objet du document

Attester de la présence du salarié dans l'entreprise. Ce document est la preuve de l'activité salariée d'une personne dans une entreprise.
Il est remis obligatoirement au salarié à l'expiration du contrat de travail, quelle que soit la cause de la fin du contrat de travail et quel que soit le type de contrat.

Cadre juridique

☐ Toute appréciation défavorable au salarié est interdite. Des appréciations favorables y figurent souvent dans les faits.
☐ Le certificat peut contenir la mention « libre de tout engagement ». Cette mention ne signifie pas que le salarié est délié de son obligation de préavis, ni de son obligation de non-concurrence.
☐ Le certificat de travail est quérable et non portable, ce qui veut dire que l'employeur doit le tenir à la disposition du salarié mais qu'il n'a pas l'obligation de le lui faire parvenir.
☐ L'employeur, qui refuse de délivrer un certificat de travail à un salarié ou ne respecte pas les mentions obligatoires, s'expose à des amendes et éventuellement au paiement de dommages-intérêts.

Mentions obligatoires

☐ Identité de l'employeur et du salarié,
☐ Date d'entrée du salarié dans l'entreprise,
☐ Date de départ du salarié (préavis inclus),
☐ Nature et périodes des emplois successivement occupés dans l'entreprise,
☐ Signature de l'employeur ou du chef du personnel.

MODÈLES DE CERTIFICAT DE TRAVAIL

Certificat de travail

Nom de la société
Adresse

Je, soussigné X......., directeur de la société ....., certifie que M....... a bien été employé dans mon entreprise en qualité de .... du .... au ....

Il quitte la société libre de tout engagement.

Ce certificat lui est délivré pour faire valoir ce que de droit.

Fait à Paris, le ....
Le Directeur,

En-tête de la Société

Certificat de travail

Je, soussigné, agissant en qualité de ....
pour la société ....
sise à ....

certifie avoir employé M ....
demeurant à ....
en qualité de ....
du .... au ....

M......... est libre de tout engagement envers la société à compter de ce jour.

Fait à ...., le ....
Pour servir et valoir ce que de droit,
L'employeur ou son représentant,

Reçu pour solde de tout compte

Ce document écrit, délivré par l'employeur, est destiné à attester qu'à l'expiration du contrat de travail, le salarié a effectivement perçu les sommes qui lui sont dues.

Objet du document

Certifier à l'employeur et au salarié que les sommes dues au salarié lui ont bien été versées. Ce document doit respecter des formes très précises. Le salarié a ensuite la faculté d'en contester le contenu par une dénonciation (voir modèle de dénonciation ci-dessous).

Cadre juridique

☐ Le document est délivré par l'employeur au salarié à l'expiration du contrat de travail. Le salarié, par ce reçu signé de sa main, atteste qu'il a bien reçu toutes les sommes que son employeur lui doit. Ce document est établi à la fin du préavis en double exemplaire : un pour l'employeur, un pour le salarié.

☐ Si le salarié signe un tel reçu (ce qu'il n'est pas tenu de faire), il dispose de deux mois pour dénoncer le reçu. Il doit le faire par lettre recommandée et exprimer ses réclamations en les motivant. Ce reçu ne peut être signé que par une personne juridiquement capable (non valable dans le cas d'un mineur ou d'un majeur incapables).

Mentions nécessaires

Doivent obligatoirement figurer : le montant versé, la mention « reçu pour solde de tout compte » écrite de la main du salarié et suivie de sa signature, la date et la mention en caractères très apparents du délai de forclusion (stipulant que le salarié dispose de deux mois pour contester ce reçu).

Modèle de dénonciation du reçu pour solde de tout compte

Nom du salarié
Adresse

M......
Société ......

M......,

Conformément à l'article L. 122-17 du Code du Travail, je dénonce le reçu pour solde de tout compte que j'ai signé le ....
Je suis en désaccord avec la somme de .... que vous m'avez versée pour les raisons ci-après :
– *Citer les raisons pour lesquelles vous n'êtes pas d'accord* : ex. : indemnités de licenciement mal calculées.
En conséquence, je vous demande de me verser dans les plus brefs délais la somme de .... correspondant au total des sommes invoquées ci-dessus que je n'ai pas perçues.
Sous réserve de mes droits passés et à venir, veuillez agréer, M......, mes salutations distinguées.

Fait à ...., le ....

Signature du salarié,

MODÈLES DE REÇU

Nom de la société
Adresse

Reçu pour solde de tout compte

Je soussigné M...... demeurant ......, certifie avoir reçu de la Société ......, la somme de ...., en règlement des salaires, indemnités, congés payés qui m'étaient dus au titre de l'exécution et de la rupture de mon contrat de travail.

Le présent reçu pour solde de tout compte est établi en double exemplaire, dont l'un m'a été remis.
Ce reçu pourra être dénoncé pendant un délai de deux mois à compter de ce jour.

Fait à Paris, le ....

L'intéressé, Le Directeur,

(Faire précéder la signature
de la mention manuscrite « lu et approuvé »)

Nom de la société
Adresse

Reçu pour solde de tout compte
(peut être dénoncé dans les deux mois
suivant le jour de sa signature
Article L. 122-17 du Code du Travail)

Je, soussigné, M ....
demeurant à ....
reconnais avoir reçu de la Société ....
la somme de.... francs en paiement des salaires, accessoires de salaires et toutes indemnités, quels qu'en soient la nature et le montant, qui m'étaient dus au titre de l'exécution et de la rupture de mon contrat de travail.

Le présent reçu pour solde de tout compte a été établi en deux exemplaires dont un m'a été remis.

Date et signature
de l'intéressé :

Signature et Cachet
de l'entreprise :

(précédée de la mention manuscrite
« pour solde de tout compte »)

Demande d'augmentation

La négociation d'une promotion, et par là-même d'une augmentation de salaire est une des démarches les plus difficiles que doit effectuer un salarié durant sa vie professionnelle. Si cette demande d'augmentation se fait le plus souvent oralement, elle peut être appuyée par une lettre.

Objet de la lettre

Convaincre l'interlocuteur, avec qui l'on s'est déjà entretenu, du bien-fondé de sa demande.
Cette lettre est adressée au Directeur du Personnel ou, dans une petite entreprise, directement à l'employeur.

Cadre juridique

Les salaires sont fixés librement, soit par voie de conventions ou accords collectifs de travail, soit par le contrat individuel de travail.
Ils doivent faire l'objet d'une négociation annuelle obligatoire au niveau de l'entreprise ou de l'établissement.
Les recommandations de salaires faites par les syndicats d'employeurs ont force de loi à l'égard des entreprises adhérentes.
Par ailleurs, si l'employeur peut verser des salaires différents en tenant compte des compétences et des capacités de chacun de ses salariés, il ne peut faire aucune discrimination de salaire entre des salariés travaillant sur un même poste et dont il exige un rendement identique.
La lettre de demande d'augmentation pourra donc avoir un caractère juridique.

Caractéristiques

La lettre de demande d'augmentation doit être soigneusement rédigée. En effet, pour avoir une chance d'aboutir, le salarié doit faire preuve de diplomatie afin de ne pas froisser la susceptibilité de son supérieur hiérarchique.
Le salarié doit donc rester courtois. Il doit éviter d'utiliser un ton larmoyant ou au contraire un ton agressif.
S'il prend ses sources dans la pratique juridique ou la loi, celles-ci doivent être irréfutables (ex. : références juridiques exactes).
Le demandeur doit éviter d' « utiliser » des collègues moins performants pour se valoriser.

Plan de la lettre

1. Rappeler la dénomination du poste, les responsabilités que vous y exercez. Rappeler également depuis combien de temps vous êtes titulaire de ce poste
2. Énumérer les tâches que vous menez à bien en mettant en valeur vos compétences professionnelles
3. Exprimer clairement votre demande d'augmentation (rappeler votre entrevue avec votre supérieur hiérarchique s'il y a lieu)
4. Conclure en espérant obtenir satisfaction

MODÈLE DE DEMANDE D'AUGMENTATION

Christine DESBOIS
Secrétaire
Service commercial

Paris, le ....

Monsieur,

J'occupe le poste de Secrétaire dans le Service Commercial depuis le ..... 199. À la suite du départ de .... M..... X...., j'ai pris en charge la gestion de tous les représentants de la Région Sud-Ouest.

J'ai la responsabilité des 25 représentants évoluant dans cette région, à savoir :

- la gestion et la mise à jour de leur fichier,
- leur planning,
- leur courrier et leurs communications téléphoniques,
- leurs déplacements et notamment l'organisation de leurs réservations (hôtel, voiture, train, etc.)

Ces responsabilités m'ont permis d'acquérir des compétences et un savoir-faire très utiles à l'équipe des représentants.
Je vous demande donc de bien vouloir m'accorder un réajustement de mon salaire plus en rapport avec les responsabilités qui me sont confiées.

Je vous remercie par avance de votre compréhension et vous prie d'agréer, Monsieur, l'expression de mes sentiments distingués.

Christine Desbois

La démission

Le contrat de travail conclu sans détermination de durée peut cesser à l'initiative du salarié. La démission peut se faire oralement. Toutefois il peut arriver que certaines conventions collectives demandent au salarié de présenter une lettre de démission.

Objet de la lettre

Avertir officiellement l'employeur de son départ de l'entreprise.
Dans une grande entreprise, la lettre doit être adressée au Directeur des Ressources Humaines.
Dans une PME, la lettre est adressée au Directeur.

Cadre juridique

La démission ne répond pas à des règles de forme très précises, sauf dispositions stipulées par certaines conventions collectives. La démission peut donc être orale, mais il vaut mieux rédiger une lettre de démission et l'envoyer par lettre recommandée avec accusé de réception.
Le préavis est fixé par le contrat, la convention collective ou les usages. Il peut varier également selon l'ancienneté et le statut du salarié, mais l'employeur peut dispenser le salarié du préavis.
En cas de non-respect du délai de préavis par le salarié, l'employeur est en droit de réclamer une indemnité et des dommmages et intérêts.
Par contre, le salarié démissionnaire n'est pas tenu de respecter le délai de préavis en cas de faute grave de l'employeur (Non-paiement du salaire, non-respect de la législation). Une femme enceinte peut également rompre à tout moment son contrat de travail sur-le-champ.
En règle générale, l'employeur ne peut pas refuser la démission d'un salarié (seuls les contrats à durée déterminée ne permettent pas de donner sa démission), mais si la démission est jugée abusive, l'employeur peut demander des dommages-intérêts s'il parvient à prouver qu'il n'y a pas de cause sérieuse.
Le salarié démissionnaire ne peut prétendre ni aux indemnités de licenciement, ni à aucun droit de priorité sur les stages de formation mis à la disposition des licenciés économiques.
Le salarié démissionnaire a droit à une absence de 2 heures par jour pour rechercher un emploi. Ces absences peuvent être modulées pendant le préavis.

Plan de la lettre

1. Annonce de la démission, avec ou sans motif, en précisant le poste occupé dans l'entreprise. Le démissionnaire n'est pas tenu de donner les raisons de son départ. Une formule telle que « pour convenances personnelles » peut être utilisée.
2. Rappel de la date de démission effective ainsi que du délai de préavis légal.
3. Demande d'absence afin de rechercher un nouvel emploi.

MODÈLES DE LETTRES DE DÉMISSION

Lettre recommandée avec A.R.

Objet : Démission

Paris, le 31 mars 19..

Monsieur le Directeur,

Employée au service .... de votre entreprise, je vous présente ma démission du poste que j'occupe en qualité de .... depuis le ....

La convention collective de la branche fixant la durée du préavis à un mois, je quitterai donc le service le ....

Je suis actuellement à la recherche d'un emploi et souhaiterais, comme il est convenu dans la convention collective, m'absenter chaque jour pendant deux heures.

Je vous en remercie et vous prie d'agréer, Monsieur le Directeur, l'expression de mes sentiments distingués.

Nom du démissionnaire
Adresse

Monsieur le Directeur
des ressources humaines
Adresse

Lettre recommandée avec A.R.

Objet :
Démission

Lieu,
le .... 199.

Monsieur le Directeur,

Je suis au regret de vous faire part de ma démission de mon poste de .... pour motifs personnels.

La durée théorique de mon préavis est de .... mois. Mes obligations nécessitant mon départ le ...., je vous demande de bien vouloir me donner la possibilité de quitter mon poste le ....

Je m'engage à cumuler en .... (*donner le nombre de semaines*) les deux heures quotidiennes prévues par la loi pour la recherche d'un emploi. Je quitterai donc mes fonctions le ....

Je compte sur votre compréhension et vous prie de croire, Monsieur le Directeur, à mes meilleurs sentiments.

La télécopie ou fax

La télécopie ou FAX est un moyen de communication qui permet de transmettre, à travers le réseau téléphonique commuté, un document manuscrit, dactylographié ou un schéma.

Objet de la télécopie

La télécopie permet la transmission à distance et instantanée de tous documents écrits (graphiques, plans, pages manuscrites ou dactylographiées) à partir de terminaux (télécopieurs) en utilisant le réseau téléphonique.
La transmission d'un même document peut se faire successivement à plusieurs destinataires et peut être différée (l'émetteur programme sur le télécopieur l'heure de la transmission du document). Il suffit qu'émetteur et destinataire soient reliés entre eux par une simple ligne téléphonique.
Grâce au télécopieur, les bons de commande ne traîneront plus, les documents seront corrigés et renvoyés immédiatement, les notes internes transmises en toute sécurité du siège social aux établissements et aux filiales, les ordres trouveront ainsi une exécution plus rapide.

Utilisation du télécopieur

La manipulation du télécopieur est analogue à celle d'un photocopieur. Après avoir introduit le document à télécopier, il suffit de composer le numéro de fax du correspondant et d'appuyer sur le bouton émission. Le document est imprimé instantanément par le télécopieur du destinataire.
Si l'entreprise destinataire ne possède pas de télécopieur, les bureaux de poste équipés d'un télécopieur assurent la distribution des plis posteclair. Dès réception, le pli est mis sous enveloppe spéciale, dans le respect absolu de la correspondance, et est livré au destinataire.

Cadre juridique

La télécopie n'est pas considérée comme un moyen de preuve certaine car la réception du document se fait sous la forme d'une photocopie et non d'un original.

Conseils de rédaction

Il ne s'agit pas ici de s'intéresser à la rédaction du document à proprement parlé, mais du document qui doit obligatoirement l'accompagner. En effet, il est vivement conseillé d'envoyer une page de garde contenant les renseignements suivants :
- identification de la société émettrice (raison sociale, service, n° de FAX)
- identification du destinataire (raison sociale, service, n° de FAX)
- nom de l'émetteur
- nombre de pages émises y compris la page de garde

PAGE DE GARDE D'UN ENVOI EN TÉLÉCOPIE

À : .... Date : .... Heure ....

ÉMETTEUR : ....

....

....

....

DESTINATAIRE : ....

....

....

....

Service : ....

Service : ....

N° de télécopie : ....

de la part de ....

À l'attention de : ....

Objet : ....

....

....

....

....

....

....

....

....

....

Nombre de pages (y compris celle-ci) :

....

Notre numéro de télécopieur est le :

....

Si la transmission ne s'est pas faite correctement, veuillez nous appeler

au : ....

Le télex

Le TÉLEX fait partie des moyens de transmission électronique qui grâce à la télématique se développent de plus en plus. Il permet l'envoi de télex dactylographiés par l'intermédiaire d'un téléimprimeur, ou d'un ordinateur doté d'une carte de communication.

Objet du télex

Le télex permet la transmission et la réception de messages écrits, entre les correspondants du monde entier, par l'intermédiaire du réseau public de télécommunications et ceci 24 heures sur 24. L'entreprise l'utilise essentiellement dans les situations suivantes : transmission ou réception d'informations urgentes, commande en urgence ou confirmation de commande, convocation à une réunion.

Le télex : ses caractéristiques

☐ C'est le plus ancien des systèmes de courrier électronique. La connexion avec le destinataire est instantanée et la remise directe du message est assurée même en son absence. L'usage du téléimprimeur est en voie de disparition pour faire place au télex électronique.
Ce matériel électronique est composé d'un clavier, d'un écran et d'une imprimante. Ce matériel nécessite l'installation d'une ligne spéciale réseau télex.
☐ De plus, le service Minitélex permet aux détenteurs de Minitel d'émettre ou de recevoir des télex à partir d'un Minitel ou d'un micro-ordinateur équipé d'une carte de communication.
Chaque entreprise reliée au réseau télex est identifiée par un numéro de 6 chiffres complété d'une abréviation de 7 lettres maximum.
☐ Un annuaire télex est mis à jour et publié chaque année. De même, le numéro d'identification d'une entreprise peut être connu par l'intermédiaire de l'annuaire électronique.
L'avantage du télex est de laisser une trace écrite tant à l'émission du message qu'à sa réception.

Cadre juridique

Grâce à la trace écrite à l'émission et à la réception du message, le télex est reconnu comme début de preuve devant les Tribunaux.

Conseils de rédaction

Le message télex se réduit à l'essentiel et est souvent rédigé avec un style télégraphique. Il faut cependant veiller à ce que le message reste clair et compréhensible pour le destinataire.
Il n'y a pas de titre de civilité et la formule de politesse se limite au terme « Salutations ».

ENVOI DE MESSAGES PAR TÉLEX

Page écran

```
98        -        11: 38        -225-        -2204-

BEAUVAIS, LE 18 AVRIL 19..
BONJOUR, ICI SOCIÉTÉ VAL JARDIN

À L'ATTENTION DE ROGER VERFAILLIE

VOTRE CHÈQUE DE 2 851 F EN RÈGLEMENT DE LA
FACTURE N° 521 NE NOUS EST PAS PARVENU.
MERCI DE NOUS ENVOYER UN NOUVEAU CHÈQUE

SALUTATIONS - ELISABETH SAUVAGE
......................
```

Message émis

```
+
150957
RADINA 150957F      ] 1
2 1101021
VALJA 280510F         3


BEAUVAIS, LE 18 AVRIL 19..
BONJOUR, ICI SOCIÉTÉ VAL JARDIN


À L'ATTENTION DE ROGER VERFAILLIE


VOTRE CHÈQUE DE 2 851 F EN RÈGLEMENT DE     4
LA FACTURE N° 521 NE NOUS EST PAS
PARVENU.
MERCI DE NOUS ENVOYER UN NOUVEAU CHÈQUE.


SALUTATIONS . ELISABETH SAUVAGE
+
RADINA 150957F      1
2 VALJA 280510F
=
- D = 01:21 - E : 98 A - H - 10 H 22
```

1 Indicatif du correspondant

2 Jour de l'année (110e jour) et heure (10 h 21)

3 Identification de l'expéditeur

4 Texte

Un message émis est imprimé en écriture inclinée vers la droite	*ABCDEFGHIJKLMNOPQRSTUVWXYZ 1234567890*
Un message reçu est imprimé en écriture droite	ABCDEFGHIJKLMNOPQRSTUVWXYZ 1234567890

Le compte rendu

Le compte rendu est un document de communication interne à l'entreprise par lequel on rend compte d'un événement, d'une réunion, d'un entretien auquel on a assisté ou participé. Certains comptes rendus portent le nom de « procès-verbal » dans quelques cas prévus par la législation.

Objet du compte rendu

☐ L'objectif du compte rendu est de donner une image fidèle de l'événement. Le rédacteur joue le rôle d'un témoin, il raconte, décrit et résume sans juger, ou prendre parti, il doit cependant tenir compte des préoccupations du destinataire.

☐ Les sujets traités sont très divers : cela peut être la visite d'un salon, un accident, un voyage, une réunion, une conférence, une mission, une conversation, un entretien de recrutement, etc. S'il est essentiel de rendre compte de ce que l'on a fait ou de ce que l'on a vu le plus fidèlement possible, il est nécessaire de distinguer l'essentiel de l'accessoire pour éviter de perdre le lecteur dans des détails insignifiants.

☐ Il ne faut pas oublier que le compte rendu est presque toujours un instrument de travail pour le destinataire et l'on doit essayer de lui faciliter la tâche au maximum.

Présentation

☐ Le compte rendu est composé d'une en-tête où doivent figurer les mentions suivantes :
- le lieu et la date à laquelle il est établi
- l'émetteur
- l'objet : celui-ci est la plupart du temps compris dans le titre

☐ Le texte à proprement parler se présentera ainsi :
- marges suffisantes pour les annotations
- mots essentiels soulignés
- texte aéré et paragraphes nettement distincts
- structure de plan très apparente

Rédaction

☐ Le plan est, en principe, fourni par le déroulement chronologique des événements. Il est toujours composé d'une introduction, d'un développement et d'une conclusion.

☐ L'exposé de ce qui a été vu doit être objectif : l'émetteur rend compte sans porter d'appréciation, il ne formule pas de propositions d'action ; dans la conclusion, il peut souligner ce qui l'a le plus frappé. Dans tous les cas, une de ses principales qualités est son objectivité : le rédacteur n'a pas à faire connaître son avis personnel.

☐ Bien qu'établi après les faits, le compte rendu est toujours rédigé au présent.

EXEMPLE DE COMPTE RENDU

RÉSIDENCE LE PARC
52-54 rue Victor Macé
94500 Champigny

RÉUNION DU CONSEIL SYNDICAL DU 15 NOVEMBRE 199.

Le mardi 15 novembre 199. à 18 h 30, sur convocation individuelle du CABINET LATOUR, a eu lieu la réunion du Conseil Syndical de la Résidence du Parc dans le local du 54 rue Victor Macé.

LE CABINET LATOUR était représenté par :
Madame CALVEZ
Pour le Conseil Syndical, étaient présents :
Madame HERVÉ
Messieurs GUITARE et LORRAIN

PRÉAMBULE
L'objet de la réunion était la préparation de l'Assemblée générale des Copropriétaires.
Le Conseil Syndical dans son action essaie de faire entretenir, au mieux, la résidence, afin de préserver notre patrimoine, mais a pour objectif aussi de garder, voire améliorer notre cadre de vie, tout en essayant de maintenir le montant des charges à un niveau raisonnable. Et il semble d'ailleurs que notre copropriété jouisse d'une très bonne réputation à CHAMPIGNY.

1. ENTRETIEN DES ESPACES VERTS
Le contrat d'entretien, plus les plantations représentent de 7 à 8,5 % du budget général.

....
....
....
....
....

CONCLUSION
Nous rappelons que le Conseil Syndical se ferait un plaisir de répondre aux questions et aux précisions que les copropriétaires pourraient leur demander sur tous les problèmes posés au sein de la copropriété.

La note de synthèse

La note de synthèse est un document écrit interne à l'entreprise qui est rédigé à partir de documents de sources diverses. La note de synthèse a pour objet de faire le point sur un sujet déterminé sous une forme structurée qui en facilite la lecture.

Objet de la note de synthèse

□ La note de synthèse a pour but d'aider un cadre de l'entreprise à faire le point sur un sujet précis, en lui évitant de rechercher et de consulter lui-même une masse de documents.
Cette note est généralement rédigée par un collaborateur du cadre, adjoint ou secrétaire, à la demande de ce dernier.
□ Après avoir consulté toute la documentation correspondant au sujet de la synthèse demandée, il ne faut retenir que les seules informations qui se rapportent à la demande. Il est possible de faire des renvois à des passages précis des documents consultés et d'insérer dans le texte (ou fourniture en annexe) des tableaux, graphiques et autres statistiques, utiles à la bonne compréhension du sujet.
□ L'objectif est de rester fidèle et neutre par rapport aux sources consultées, il ne faut en aucun cas ajouter des interprétations ou commentaires personnels.

Présentation

La présentation doit être claire et structurée, des sous-titres peuvent introduire les différentes parties du plan. La note commence par une page d'introduction comportant :
- l'indication de l'émetteur et du destinataire
- le titre « Note de synthèse » et l'objet de l'étude
- la liste et les références des documents consultés (origine, date, titre, auteur)
- la date de l'étude
- le texte lui-même est présenté de manière à laisser la possibilité au destinataire de porter des annotations.

Conseils de rédaction

□ L'exposé de la note doit être précis et bref, constitué de phrases simples et courtes, allant à l'essentiel. Le but est d'informer le lecteur le plus complètement possible, et de manière à ce qu'il passe un minimum de temps à la lecture.
□ La note de synthèse ne comprend pas d'introduction compliquée, elle va droit au sujet.

Construction de la note

La démarche à suivre est la suivante :
- réunion de la documentation se rapportant au sujet
- sélection des informations pertinentes
- regroupement de ces informations
- reformulation des informations après avoir établi un plan structuré.

EXEMPLE DE NOTE DE SYNTHÈSE

S.A.R.L. DORNIER

Émetteur → Cl.VYNCKE

Date de l'étude → Le 15 juin 19..

Destinataire → Monsieur ROUSSEL
Directeur Administratif

Titre tenant lieu d'objet →

NOTE DE SYNTHÈSE

SUR LES SANCTIONS PRÉVUES PAR LA LOI EN MATIERE DE PIRATAGE INFORMATIQUE

Documents consultés → **Sources :** Loi n° 85-660 du 3 juillet 1985
"Le droit de l'informatique" par A. LUCAS - P.U.F.

Introduction directe →

La loi n° 85-660 du 3 juillet 1985 relative aux droits d'auteurs et à la protection de ces droits précise les conditions dans lesquelles peuvent être copiés les logiciels et les sanctions prévues en cas de reproduction illicite.

Texte reformulé pour obtenir une rédaction homogène et structurée (ici, deux sous-titres) →

I - LIMITE DE REPRODUCTION

Est autorisé l'établissement d'une copie de sauvegarde (une seule) par logiciel acheté. Toute reproduction supplémentaire est interdite. Le "piratage" informatique est une forme de contrefaçon et constitue un délit.

II - SANCTIONS PRÉVUES EN CAS DE REPRODUCTION ILLICITE

Sur demande de l'auteur ou de son représentant, les commissaires de police doivent procéder à la saisie d'une copie du logiciel piraté. Le Tribunal de Grande Instance peut, de son côté, ordonner la saisie de la contrefaçon.

Les règles de protection des droits d'auteurs s'appliquent au piratage informatique. Celui-ci est donc passible :

• **Pour une première infraction :**

- D'une amende de 6 000 à 12 000 F et/ou
- D'une peine de prison allant de 3 mois à 2 ans.

En outre, le Tribunal peut prononcer la confiscation des recettes engendrées par cette infraction ainsi que du matériel installé spécialement pour réaliser les copies frauduleuses.

• **En cas de récidive,** les peines ci-dessus peuvent être doublées et le Tribunal peut décider la fermeture de l'établissement.

Cl. VYNCKE

Pas de conclusion. Pas de formule de politesse

Source : *Communiquer efficacement*, collection Interfaces, Bac Pro 1ères Forcher 1993.

La note de service

La note de service est un mode de diffusion de messages internes à l'entreprise. Son objet est soit la transmission d'instructions, soit la communication d'informations au personnel.

Objet de la note de service

☐ Lorsque la note de service transmet un ordre, elle doit être connue de tous les intéressés, lue sans interprétation possible et suivie dans le délai prévu. Elle circule dans un sens descendant, c'est-à-dire d'un niveau hiérarchique supérieur vers un niveau inférieur. On utilise la note de service lorsque la communication doit être faite « en nombre », mais également pour renforcer la communication orale car elle apporte la preuve de l'information à transmettre. Elle est diffusée soit directement aux intéressés, soit par voie d'affichage dans les locaux de travail.

☐ Quant à la note d'information, elle renseigne le personnel au sujet de l'organisation de l'entreprise, des relations de travail ou de nouveaux objectifs fixés par la Direction. Elle circule dans le sens descendant mais également en ligne transversale, c'est-à-dire entre personnes d'un même niveau hiérarchique.

Présentation

Il n'existe aucune norme de présentation mais on applique certains usages :
- en-tête de l'entreprise simplifié et mention du service émetteur
- indication du ou des destinataire(s) avec éventuellement la mention « pour action », « pour information »
- titre « Note de service » (ou note d'information ou note d'instructions), suivi éventuellement d'un numéro d'ordre (un double est classé par ordre chronologique)
- lieu et date d'émission
- objet : il doit immédiatement attirer l'attention
- texte
- nom et fonction du signataire

Conseils de rédaction

☐ Le style de la note de service doit être neutre et clair, le ton impératif mais jamais agressif, le vocabulaire simple et précis. Les informations ou les instructions circulant par l'intermédiaire de ce document doivent être comprises par tous et ne présenter aucune ambiguïté. On adopte une forme impersonnelle et on s'attache à la brièveté du message.

☐ Il ne faut traiter qu'un seul sujet par note. Ne pas mettre de titre de civilité ni de formule de politesse.

Expressions à utiliser

Contrairement à la note d'information un peu solennelle et artificielle, la note d'instructions est rédigée dans un style beaucoup plus naturel et direct ; le rédacteur donne des consignes, il ne craint donc pas de s'exprimer en son nom personnel.

EXEMPLES DE NOTES

Note d'information

Établissements Roudor
Émetteur : Service du personnel — Paris, le 25 novembre 19..
Destinataires : Personnel des services administratifs
« pour information »

NOTE DE SERVICE N° 28

Objet : Horaires de travail

Conformément aux souhaits exprimés par la majorité des employés au cours de l'enquête du mois de septembre, l'horaire de travail du personnel des services administratifs, **à compter du 1er décembre**, sera le suivant :

du lundi au jeudi inclus	9 h – 12 h	13 h 30 – 17 h 30
le vendredi	9 h – 12 h	13 h 30 – 16 h 30

Merci de bien vouloir appliquer ce nouvel horaire.

Le Chef du Personnel
H. Dupont

Note d'instructions

Établissements Roudor
Émetteur : Service du personnel — Paris, le 1er janvier 19..
Destinataires : Chefs des services administratifs

NOTE DE SERVICE N° 35

Objet : Application des nouveaux horaires de travail

Par la note de service n° 28 du 25 novembre 19.., je vous ai fait part des nouveaux horaires de travail à appliquer à partir du 1er décembre.
J'attire votre attention sur le fait que ces horaires ne sont pas respectés par un grand nombre d'employés des services administratifs.
En conséquence, je vous prie instamment de bien vouloir faire respecter ces horaires par vos employés.
Je compte sur votre vigilance.

Le Chef du Personnel
H. Dupont

Félicitations

Les félicitations contrairement aux vœux, s'envoient généralement sur une carte de visite. Si les relations entre les correspondants sont étroites, on choisit d'adresser des félicitations sur une lettre avec un texte plus développé que sur la simple carte de visite.

Objet de la lettre

Le chef d'entreprise est amené à adresser des félicitations dans de multiples circonstances : réussite professionnelle, obtention d'un diplôme ou d'une décoration, élection... L'objectif de ces félicitations étant de montrer l'intérêt qu'il porte à ses relations.

Le support de ces félicitations peut être un télégramme, un message téléphoné, un texte sur une carte de visite, une carte postale personnalisée ou une lettre sur papier libre.

Lorsque l'on ne connaît pas personnellement le destinataire ou si l'on peut craindre qu'il ait du mal à se souvenir de qui l'on est, il est préférable de préciser son nom et adresse personnelle. Cette pratique permettra au correspondant d'adresser un petit mot de remerciements.

Lorsque le message est accompagné d'un cadeau, résultat d'une collecte entre collaborateurs, il faut signer la carte d'accompagnement de la mention « de la part du service de ... » ou « avec les félicitations de l'atelier de ... ». La liste des donateurs ou participants jointe ne peut que créer des malaises, ou alors il est nécessaire que tous signent, participants ou non.

Plan

1. Rappeler l'objet des félicitations
2. Exprimer le plaisir procuré par la nouvelle
3. Adresser des félicitations

Outils de rédaction

Pour les lettres de félicitations, le mieux est, généralement d'être simple et bref. Le ton doit être adapté à la situation et aux rapports entretenus avec le correspondant.

Expressions à utiliser

Il faut utiliser des formules d'appel et de politesse correspondant aux relations entretenues avec le destinataire. Exemple :

à un supérieur hiérarchique	Monsieur ou Madame suivi de son titre	Acceptez avec mes compliments, l'expression de mes sentiments les plus dévoués
à un subordonné	Cher ami ou Cher collaborateur	Recevez mes plus vives félicitations
à une relation professionnelle	Cher Monsieur ou Madame, Cher collègue	Recevez, Cher Monsieur, mes félicitations les plus chaleureuses

QUELQUES EXEMPLES

À l'occasion d'une promotion

Monsieur Dupont,

C'est avec un grand plaisir que j'ai appris votre nomination au poste de directeur de la création. Votre promotion n'est que la juste récompense de vos mérites professionnels.

Permettez-moi de vous exprimer, avec mes plus vives félicitations, l'expression de mes sentiments très dévoués.

À l'occasion d'une naissance

Chère Madame,

La naissance de (*prénom de l'enfant*) nous a causé un très grand plaisir. Nous sommes persuadés que c'est le plus beau bébé du monde : toutes nos félicitations aux heureux parents.
Entouré de l'affection de ses parents, il ne peut que grandir en sagesse et en force, c'est en tous cas notre voeu le plus cher.
Nous vous prions, Chère Madame, de recevoir avec nos courtoises salutations, l'expression de nos sincères félicitations que nous vous demandons de transmettre à votre époux.

À l'occasion d'une décoration

Monsieur,

Je me permets de vous adresser mes respectueuses félicitations pour votre promotion au grade d'officier de la Légion d'honneur.

Nombreux vont être ceux qui se réjouiront de cette distinction méritée.

Veuillez agréer, Monsieur, l'assurance de mon estime et de mes meilleurs sentiments.

Invitation à une journée portes ouvertes

L'organisation de journées « portes ouvertes » est un des moyens utilisés par l'entreprise pour se faire connaître et vendre ses produits.

Objet de la lettre

En organisant des journées « portes ouvertes », l'entreprise s'est fixé plusieurs objectifs :
– faire parler de l'entreprise par l'intermédiaire de dossiers de presse distribués ce jour-là aux journalistes locaux et régionaux
– rencontrer clients et fournisseurs dans un contexte différent, c'est-à-dire en dehors de toute négociation
– remotiver son personnel en le faisant participer directement à l'organisation et au déroulement de ces journées.
C'est une opération de relations publiques, un outil efficace pour faire connaître le savoir-faire de l'entreprise, ses produits, son image, à des cibles précises et en utilisant des moyens personnalisés adaptés.
La lettre d'invitation aux journées portes ouvertes va être envoyée « en nombre » en utilisant la technique du publipostage ou mailing : une seule lettre va être rédigée et devra donc correspondre à tous ses destinataires que sont tous les partenaires de l'entreprise, clients, fournisseurs, élus locaux, partenaires financiers. Dans cette optique il va falloir rédiger une lettre type capable de retenir l'attention de n'importe lequel de ses lecteurs.
Afin de prévoir le côté matériel de cette journée, on joindra à la lettre un coupon-réponse que le destinataire complétera et retournera à l'entreprise avant la date précisée sur celui-ci.
Cette invitation doit être faite environ un mois avant la date de la manifestation de façon à laisser le temps à l'invité de prendre ses dispositions pour se libérer et de répondre à l'invitation.

Plan

1. Annoncer la raison de l'organisation de la journée « portes ouvertes »
2. Préciser la date, l'heure, le lieu et éventuellement les personnalités invitées
3. Préciser le programme
4. Espérer la présence du destinataire de la lettre

Lexique

Management : technique de direction ou de gestion de l'entreprise.

Publipostage : opération qui consiste à expédier la même lettre à un nombre important de correspondants. Cette opération est aussi appelée mailing.

EXEMPLE

.... (*titre de civilité*),

Pour fêter la mise sur le marché de notre nouvelle gamme de produits, notre entreprise organise une journée « portes ouvertes ».

Elle aura lieu le .... (*date*) à .... (*heure*) en présence de Monsieur le maire de ...., Monsieur ...., Président du Conseil Régional.

À cette occasion, nous ferons visiter nos nouvelles installations qui sont les témoins de la place que nous tenons à la pointe de la technologie. Un cocktail sera servi à l'issue de cette visite.

Nous comptons sur votre présence amicale et vous prions, ... (*titre de civilité*), d'agréer, nos très courtoises salutations.

COUPON-RÉPONSE
(à retourner avant le ......)

M. ....
de la Société ....

– se rendra à la journée « portes ouvertes » du .... (*date*) et (*heure*) (1)
– ne pourra se rendre à la journée « portes ouvertes » (1)
– participera au cocktail organisé à cette occasion (1)

Date : Signature

(1) rayer la mention inutile

Vœux de fin d'année

Le passage d'une année à l'autre est l'occasion qui vous est donnée de rappeler votre entreprise au bon souvenir de tous vos partenaires commerciaux et l'occasion de manifester aux clients une attention personnelle en dehors de relations purement commerciales.

Objet de la lettre

Les vœux de fin d'année vont vous permettre de reprendre contact avec des personnes que vous n'avez peut-être pas eu l'occasion de voir depuis longtemps.
Ils peuvent également être l'occasion de marquer individuellement une attention particulière, la reconnaissance d'un effort ou d'une surcharge de travail vis-à-vis d'un collaborateur, d'un responsable de vente, d'un de vos fournisseurs par exemple.

☐ L'envoi et la réponse des vœux de fin d'année obéissent à des règles précises. En effet, il est indispensable de prendre en compte le niveau hiérarchique de la personne à qui l'on adresse ses vœux, son âge, les relations que l'on entretient avec lui.

☐ Quant à la présentation de ces vœux, plusieurs possibilités s'offrent à vous :

– soit la carte illustrée, imprimée qui sera expédiée comme une carte de visite. L'illustration doit avoir un rapport avec l'entreprise : activité, produit ou outil typique, logo ou encore localisation de la firme. Ces cartes sont envoyées en nombre et de ce fait les frais de poste sont réduits par le routage postal au tarif préférentiel ;

– soit la lettre individuelle : chaque responsable de l'entreprise envoie ses vœux, à titre individuel, à des relations professionnelles privilégiées. Si dans ce cas on utilise une carte de visite, on emploiera la forme impersonnelle et l'on ne signera pas la carte.

Cadre juridique

La nouvelle année permet de s'attacher la fidélité des clients importants et la confiance des fournisseurs par l'intermédiaire des cadeaux d'entreprise. Cette pratique apporte de surcroît des avantages fiscaux à l'entreprise. En effet, ces cadeaux sont à répertorier dans la catégorie des frais généraux et représentent, par là-même, des dépenses déductibles du résultat imposable.
Sur le plan fiscal, les cadeaux d'entreprise peuvent être de toute nature à l'exception des objets de faible valeur conçus spécialement pour la publicité (objets sur lesquels est mentionné « de façon apparente et indélébile » le nom ou la raison sociale de l'entreprise distributrice).

Conseils de rédaction

Quelques points de protocole : Il est erroné de croire que les vœux peuvent se présenter jusqu'au 31 janvier. Cette erreur est encore plus grande dans les pays de l'Europe du Nord et anglo-saxons pour lesquels on doit présenter ses vœux au plus tard entre Noël et le Jour de l'an, et de préférence entre la Saint-Nicolas et Noël.

QUELQUES MODÈLES

Modèle de carte accompagnant les cadeaux

Veuillez accepter ce modeste présent en remerciement de votre fidélité (*pour un client*) ou en témoignage de l'intérêt que nous portons à votre collaboration professionnelle (*pour un fournisseur*). Nous vous renouvelons tous nos vœux pour 199., et vous prions de recevoir, M......, nos sincères salutations.

Vœux adressés à une entreprise cliente

Cher M......,

C'est avec un réel plaisir que je me permets de vous adresser, ainsi qu'à vos collaborateurs, mes meilleurs vœux.

Nous souhaitons que cette nouvelle année voie le développement de votre entreprise, le succès de vos actions ainsi que la réalisation de vos projets.

Nous espérons toujours vous accompagner dans les mois à venir, et vous prions de croire, Cher M......, en nos sentiments les meilleurs.

Vœux adressés à un fournisseur

M......,

À l'aube de cette nouvelle année, nous vous présentons nos vœux de réussite. Nous avons pu apprécier en 199. la qualité de vos prestations.

Aussi, souhaitons-nous vivement que nos relations à venir restent basées sur une confiance mutuelle et un souci d'efficacité professionnelle qui ont fait leurs preuves par le passé.

Veuillez agréer, M......, nos salutations distinguées.

Vœux adressés à un supérieur hiérarchique

Monsieur X. prie Monsieur Y. d'agréer ses vœux les meilleurs pour la nouvelle année et l'assure de son profond respect.

INDEX / LEXIQUE

entraîne le départ immédiat du salarié et ne lui donne droit à aucune indemnité (préavis, congé, licenciement). Sont considérées comme fautes lourdes : actes de sabotage, détournement de marchandises, de clientèle : 132

Force majeure : 126

Forclusion (délai de) : perte d'un droit non exercé dans les délais prescrits (voir le reçu pour solde de tout compte)

Formule d'appel : 17

Formule de politesse : 17

Franco de port : 36

Handicapé : personne présentant une déficience des capacités physiques ou mentales

Hiérarchie fonctionnelle : 4,5

Hiérarchie linéaire : 5

Immatriculation de société : 78

Impact : effet d'une action

Imprimé fiscal : 70, 71

Inaptitude professionnelle : 132

Indemnité de licenciement : prévue par la loi, elle doit être versé à tout salarié licencié s'il a 2 ans d'ancienneté, un contrat à durée indéterminée (CDI) et n'a pas commis de faute lourde

Lettre de change (paiement) : 48

Lettre normalisée (AFNOR) : 13

Lettre type : 44

Licenciement économique : licenciement justifié par des raisons financières ou économiques de la part de l'entreprise. Le motif peut être conjoncturel (baisse des commandes) ou structurel (modernisation de l'appareil productif de l'entreprise)

Livraison : remise de la marchandise au client

Livrer : action de remettre à l'acheteur

Mailing : traduction anglaise de publipostage

Mailing publicitaire : 25

Marchandises défectueuses : 37

Mise à pied : 128

Mise en demeure : sommation impérative, dernière étape de la procédure amiable : 60

Mise en possession : remise de la chose

Mise en recouvrement : 60

Motifs de licenciement : 130

Mutuelle : société mutualiste = association d'entraide qui ne vit que des cotisations de ses adhérents

Note d'information : 151

Note d'instruction : 151

Organisation syndicale : 116

Ouverture de compte : accord de crédit entre le client et le fournisseur sous la forme de conditions de paiement à 30, 45 ou 60 jours par l'intermédiaire d'une traite

Paiement comptant : le client paye dès réception de la facture

Partenaires sociaux : représentants du patronat et des syndicats d'un branche professionnelle vis-à-vis de la direction et du personnel d'une entreprise

Parts sociales : le capital social d'une S.A.R.L. est constitué de parts sociales qui sont remises aux associés en contrepartie de leurs apports. Ces parts sont librement cessibles entre associés et parents mais il faut le consentement des associés pour les céder à des tiers

Payable à réception : 44

Période d'essai : 130

Plan de formation : 120

Police d'assurance : 96

Port dû : 36

Port payé : 36

Préavis : 96, 132, 140

Procédure amiable : 58

Procédure judiciaire : 58

Promesse d'embauche : 110, 111

Prorogation d'échéance : 52

Prospect : 24

Protêt : 54

Publipostage : 24

Rabais : réduction exceptionnelle accordée en cas de retard dans la livraison ou de défaut dans la marchandise

Rappel de paiement : 56, 57, 58, 59

Réclamation : 62, 69

Recommandé : 10, 11

Redressement : 80

Relevé de factures : document établi par le fournisseur à la fin d'une période donnée (mois ou trimestre) qui récapitule l'ensemble des factures envoyées durant cette période

Remise : réduction de prix pour une commande importante à l'occasion d'opérations promotionnelles ou pour un bon client

Remise de majoration : 80, 81, 85

Résiliation : 96

Responsabilité : obligation de réparer en cas de défaut

Ressort : 64

Retard de livraison : 41

Ristourne : réduction supplémentaire accordée en fin de trimestre ou d'année, calculée sur le chiffre d'affaires hors taxe réalisé par le client pendant cette période, pour le remercier de sa fidélité

Rupture anticipée : 126

Rupture de stock : 33

S.A. : une société anonyme est une société dont le capital, d'un minimum de 250 000 F, est divisé en

Maquette de couverture : Favre-Lhaik
Illustration de couverture : Guillaume de Montrond – Arthur Vuarnesson

N° d'Éditeur : 10049566 - (VI) - (26) - OSBN - 80° - Octobre 1998
Imprimerie **Jean-Lamour**, 54320 Maxéville - N° 98100022
Imprimé en France